Franz Willbold

Napoleons Feldzug um Ulm
Die Schlacht von Elchingen
14. Oktober 1805

Napoleon I. 1808

Franz Willbold

Napoleons Feldzug um Ulm

Die Schlacht von Elchingen
14. Oktober 1805
mit der Belagerung
und Kapitulation von Ulm

Süddeutsche Verlagsgesellschaft Ulm
im Jan Thorbecke Verlag

Bildnachweis:

Adler
71, 73, 75, 79, 93
Bayerische Staatsgemäldesammlung
63
Evangelisches Pfarramt Göttingen
102
Heeresgeschichtliches Museum Wien
39
Gebrüder Metz
33
Privatbesitz
64, 65, 94, 111, 137
Stadtarchiv Ulm
61, 91, 96, 105, 107
Ulmer Museum
77, 104
Franz Willbold
Titelbild, 2, 6, 11, 17, 18, 27, 28, 37, 51, 55, 57, 67, 69, 81,
109, 113, 115, 135, 141
Bayerisches Hauptstaatsarchiv München, Plansammlung 4146   14

Umschlag und Layout
Rudi Rampf

Litho
Schwabenverlag media gmbh, Ostfildern

Gesamtherstellung
Süddeutsche Verlagsgesellschaft Ulm

2. Auflage
© SüddeutscheVerlagsgesellschaft Ulm
im Jan Thorbecke Verlag
ISBN 3-7995-8027-1

Inhaltsverzeichnis

Französische, österreichische, deutsche und Elchinger Vorgeschichte	7
Aufmarsch der Gegner in Deutschland	15
Gefecht bei Wertingen am 8. Oktober 1805	24
Günzburg wird am 9. Oktober von Marschall Ney erobert	25
Marschall Ney läßt die Elchinger Donaubrücke besetzen	31
Gefecht bei Haslach-Jungingen am 11. Oktober 1805	34
Vorbereitungen zur Schlacht bei Elchingen, am 12. und 13. Dezember 1805	42
Erfolgreiche französische Spionagearbeit	53
Die Schlacht um Elchingen am 14. Oktober 1805	58
Napoleon am 14. Oktober 1805	80
Die Elchinger während und nach der Schlacht	83
Erzherzog Ferdinand verläßt seine Armee und Ulm	85
Ulm wird von den Franzosen eingeschlossen	86
Kaiser Napoleon vom 15.–21. Oktober 1805 in Elchingen	92
Kloster Elchingen wird Lazarett	95
Kapitulationsverhandlungen mit FML von Mack	96
Napoleons Brief aus Elchingen an Kaiserin Josephine	101
Pfarrer Samuel Baur aus Göttingen erhält Audienz bei Napoleon	102
Die Festung Ulm kapituliert am 20. Oktober 1805	103
Kaiser Napoleon verläßt Elchingen	110
Biographie des Marschalls Michel Ney	114
Kurzbiographie und Ende des FML von Mack	136
Das Ende des großen Kaisers der Franzosen	138
Anhang	142
Quellen-Nachweis	143

Napoleon Bonaparte am 9. November 1799

Mit Hilfe seiner Soldaten gelang es ihm, die Verfassung und den Konvent außer Kraft zu setzen

Kaiserin Josephine nach der Krönung im Dezember 1804

Französische Vorgeschichte

Napoleon Bonaparte wurde am 15. August 1769 als zweiter Sohn eines Rechtsanwaltes auf der romantischen, etwas steinigen, französischen Mittelmeerinsel Korsika geboren. Als junger Bursche erhielt er ein Stipendium für die Pariser Militärakademie, welche er 1785 mit 16 Jahren als Artillerieleutnant verließ. Am 14. Juli 1789 begann mit dem Sturm auf die »Bastille«, dem alten Pariser Gefängnis für politische Häftlinge, die Französische Revolution. Ihm folgte die Schreckensherrschaft von Danton und Robespierre, welche ihren grausamen Höhepunkt in den Hinrichtungen von König Ludwig XVI. am 21. Januar 1793 und seiner Gemahlin der Königin Marie Antoinette (der österreichischen Kaisertochter) am 16. Oktober 1793 auf dem heutigen Place de la Concorde fand. Am 21. September 1798 wurde die Republik ausgerufen.

Alle diese politischen und zumeist schrecklichen Ereignisse beeindruckten und formten den strebsamen, unscheinbaren jungen Artillerieoffizier Napoleon Bonaparte. Beim Sturm auf die Festungsanlagen der Hafenstadt Toulon und der Vertreibung der Engländer während der Revolutionszeit zeichnete er sich aus und wurde dadurch in Frankreich bekannt. Seiner Beförderung 1794 zum Brigadegeneral folgte am 4. Oktober 1795 die Ernennung Napoleons zum stellvertretenden Befehlshaber der Konventarmee in Paris. Murat, sein späterer Stellvertreter und Schwager, war damals sein Adjutant. Als einen Tag später 30 000 Aufständische den Regierungssitz, die Tuilerien, stürmen wollten, war es wiederum Napoleon Bonaparte, der mit 8000 Soldaten und Artillerieunterstützung den Aufstand niederschlug. Daraufhin wurde er zum Oberbefehlshaber der Armee des Innern ernannt. Im Jahr 1796 übernahm er die in Oberitalien stehende französische Armee, organisierte diese neu und setzte sie gegen die in Italien stehenden Österreicher erfolgreich ein. Am 3. Februar 1797 kapitulierte unter anderem die Festung Mantua, und General Bonaparte ließ zum ersten Mal, was er später jedoch öfters wiederholte, den geschlagenen Feind, 700 österreichische Offiziere und Soldaten, an seiner Fahne vorbeidefilieren.

Um die Vorherrschaft der Engländer im Vorderen Orient zu brechen, landete er, von Toulon kommend, am 2. Juli 1798 mit 38 000 Mann, 48 Kriegs- und 280 Transportschiffen bei Alexandria in Ägypten. Nach militärisch harten und politisch umstrittenen Kämpfen eroberte er Teile Ägyptens und kehrte 1799 unter schwierigen Umständen nach Paris zurück. Aus der ägyptischen Expeditionszeit gibt es heute noch eine Legende, welche für Ulm-Elchingen von Bedeutung ist. Im Feldlager bei den Pyramiden vertraute sich Napoleon unter dem Eindruck der Sandwüsten seinem Freund Bourrinne einmal an. »Wissen Sie, an was ich gerade dachte, Bourinne? Sollte ich Frankreich jemals wiedersehen, so würde es mein größter Wunsch sein, einen Feldzug in der Ebene Bayerns zu führen. Dort würde ich eine ganz große Schlacht liefern und Revanche für Blindheim nehmen (1704; verlorene Schlacht bei Blindheim-Höchstädt). Alsdann würde ich mich auf meinen Landsitz zurückziehen, ein ruhiges Leben dort führen und vollkommen zufrieden sein.« Einige Jahre später sollte ihm dieser Wunsch beinahe in Erfüllung gehen. Mit Hilfe des Militärs gelang es ihm am 9. November 1799, die damalige, aus der Revolutionszeit stammende Verfassung und den Konvent außer Kraft zu setzen. Am 19. Februar 1800 stieg General Napoleon durch eine Volksabstimmung zum Ersten Konsul auf. Nachdem die Feindseligkeiten der Österreicher in Oberitalien nicht aufhörten, erreichte Napoleon mit seiner Armee am 2. Juni 1800 Mailand und schlug die Österreicher am 14. Juni bei Marengo. Durch eine Abstimmung des Senats am 18. Mai 1804 und eine anschließende Volksabstimmung wurde er zum Kaiser der Franzosen auf Lebenszeit gewählt. Am 2. Dezember 1804 schließlich krönte Napoleon sich und seine Gemahlin Josephine Beauharnais in der Kirche Notre-Dame zu Paris, nachdem Papst Pius VII. die Salbung vollzogen hatte. Napoleon war bei seiner Kaiserkrönung 35 Jahre alt. Knapp 6 Monate später setzte man ihm, nach einem triumphalen Einzug in Italien, am 26. Mai 1805 im Mailänder Dom die Königskrone der Lombarden auf. Seine wesentlichen Verdienste im humanitären Bereich war die Abschaffung der Leibeigenschaft, Einführung der Code Civile und des Konkordates.

Österreichische Vorgeschichte

Um das Jahr 1800 war Österreich durch mehrere kostspielige und verlorene Kriege geschwächt und verschuldet. Das Festhalten der österreichischen Monarchie-Diplomatie an der alten Weltordnung brachte das einst so stolze und reiche Land an den Rand des Verderbens. Hinzu kam, daß der damalige Kaiser von unfähigen Ministern umgeben war, die nicht in der Lage waren, das reformbedürftige Reich richtig zu regieren. Erzherzog Karl (Kriegsminister und Bruder des Kaisers) stellte damals fest:

»Daß Männer zu Ministern ernannt werden, um die Monarchie en niveau mit den Fortschritten anderer Staaten zu bringen, welche Männer sich öffentlich rühmen, in 30 Jahren weder ein Buch noch eine Zeitung gelesen zu haben.«

Ähnlich äußerte sich auch Erzherzog Johann in seinem Tagebuch vom Februar 1804: »Die verschiedenen Departementchefs, meist Leute von grober Unwissenheit, daher auch mit den jenen schädlichen Eigenschaften begabt, die diese mit sich führt, stemmen sich gegen alles, was Neuerung ist. Sie gehen ihre alten, gewohnten Wege, und dies oft sehr unrichtig, und scheuen jene, da sie wohl einsehen, daß sie nicht im Stande sind, das zu leisten, was man mit Recht von ihnen fordern könnte. Alle diese halten fest zusammen und bilden eine mächtige Opposition gegen jeden talentvollen Mann. Sobald einer durch Verstand sich auszeichnet und ihnen Verdacht gibt, jemals mit ihnen in die Schranken treten zu können, wird er unterdrückt und dadurch der Reiz zum Dienst und alle guten Talente abgestumpft und abgeschreckt.«

Auch mit der Verwaltung der Finanzen war es schlecht bestellt. Schon die Kriege gegen die Preußen hatten von Österreich schwere Opfer gefordert. Im Jahre 1768 wies der Staatshaushalt noch einen Überschuß von 7 Millionen Gulden aus. Von 1793–1798 betrugen die Gesamtausgaben 808 Millionen, denen aber nur noch 451 Millionen an Einnahmen gegenüberstanden.

Im Jahre 1781 hatte man die Konskription (Wehrdiensterfassung) für alle Erbländer neu geregelt und eingeführt. Jeder Staatsbürger war danach wohl zum Kriegsdienst verpflichtet, die gehobenen Stände aber wurden nicht zum Waffendienst herangezogen. Auch Loskauf und Stellvertretung waren gestattet. All dies bewirkte die Auflösung großer Truppenteile oder ihre Beurlaubung auf unbestimmte Zeit. Sämtliche Pferde der Artillerie hatte man verkauft bzw. verschleudert.

In dieser Verfassung schloß sich Österreich unter Kaiser und König Franz offiziell am 9. August 1805 der von England gewünschten »Dritten Koalition« (militärischer Beistandspakt gegen Frankreich) an. Diese 3. Koalition, welche für Österreich später so schmerzliche Folgen haben sollte, verpflichtete dazu, gegen Frankreich eine Armee aufzustellen. England zahlte als Gegenleistung für jede 100 000 Mann starke Streitmacht 1 250 000 Pfund Sterling.

Zu diesem Zeitpunkt jedoch war die österreichische Armee auf ein Minimum reduziert. Die verbrauchte Kriegsausrüstung ist bei weitem nicht ergänzt worden. Der Staat befand sich trotz vollster Anpassung aller seiner Kräfte kaum in der Lage, die Armee auf einen angemessenen Friedensstand zu bringen. Der militärische Schutz der eigenen Staatsgrenzen war nicht mehr gewährleistet.

Deutsche Vorgeschichte

Abgesehen von Preußen, war Deutschland Ende des 18. Jahrhunderts ein loser Kleinstaatenbund.

Dieser wurde regiert von Kurfürsten, Großherzögen, Herzögen, Landgrafen und Fürsten, die untereinander uneinig und zerstritten waren. Die französische Revolution warf ihre Schatten über dieses Deutschland, welches dem österreichischen Staatenbund »Heiliges Römisches Reich Deutscher Nation« angehörte und vom habsburgischen Kaiser Franz II. von Wien aus regiert wurde.

Nachdem die Österreicher mit den Deutschen, einschließlich Preußen, in einer zweiten Koalition die französische Revolution niederschlagen wollten, marschierten sie im Herbst 1793 nach Frankreich ein. Als die ca. 100 000 Mann starke Armee Valmy (westlich von Verdun) erreicht hatte, wurde sie von einer ca. 50 000 Mann starken französischen Revolutionsarmee zum Kampf gestellt und geschlagen. Die Österreicher mit den Deutschen wurden über den Rhein getrieben und anschließend folgten – mit kurzer Unterbrechung – sieben Jahre Krieg auf deutschem Boden.

Die militärischen Mißerfolge der Österreicher und Deutschen führten am 9. Februar 1801 zum Frieden von Lunéville, der auch zugleich den Anfang der Säkularisation von 19 Reichsbistürmern, 44 Reichsabteien und 41 Reichsstädten einleitete.

Napoleon, der in den Jahren 1800–1805 eine starke und moderne Armee aufstellte, wurde im Jahr 1804 von den Franzosen zum Kaiser gewählt. England, damals stärkste See- und Weltmacht, erklärte den Franzosen aus verschiedenen Gründen den Krieg und wollte eine Invasion auf ihre Insel verhindern. Nachdem die Engländer gut bezahlten, waren die relativ armen Österreicher als erste bereit, in einer dritten Koalition nochmals gegen Frankreich zu marschieren.

Durch die schlechten Erfahrungen aus der zweiten Koalition stellten sich die deutschen Fürsten 1805 im letzten, entscheidenden Augenblick auf die Seite Napoleons.

Am 19. September 1805 empfingen Kurfürst Carl-Friedrich von Baden und die beiden Prinzen in Ettlingen den Kaiser der Franzosen. Napoleon schloß mit den Kurfürsten einen Vertrag ab, in welchem dieser sich verpflichtete, 3000 badische Soldaten der Grande Armee zu unterstellen.

Am 23. September 1805 unterzeichneten der Kurfürst Maximilian-Joseph von Bayern und Napoleon einen Bündnisvertrag. Die bayerische Armee bestand zu diesem Zeitpunkt aus 12 Infanterie-Regimentern zu je 3 Bataillonen:
    6 leichten Infanterie-Bataillonen und
    6 Kavallerie-Regimentern zu je 4 Eskadronen.

Die Artillerie bildete ein eigenes Korps, das sich im Feld in 4 Batterien mit je 12 Geschützen aufgliederte.

Somit konnte die bayer. Armee
    30 Infanterie-Bataillone zu je 700 Mann,
    6 Kavallerie-Regimenter zu je 460 Reitern und„
      48 Geschütze,

also insgesamt 21 000 Mann Infanterie und 2760 Reiter ins Feld stellen. Diese Truppen wurden dem französischen Kommando der Grande Armee unterstellt.

Für diese militärische Unterstützung sollte Bayern nicht nur Ersatz für alle Verluste und Kriegsschäden, sondern beim Friedensschluß auch noch Tirol, Schwaben und das Innviertel erhalten.

Außerdem wurden am 1. Januar 1806 für ihre geleistete Bündnishilfe Bayern und Württemberg von Napoleon zu Königreichen, Baden und Hessen zu Großherzogtümern erhoben.

Am 2. Oktober 1805 erreichte Napoleon Ludwigsburg. Nach langjährigen Verhandlungen schloß auch der Kurfürst Friedrich von Württemberg ein Bündnis, nach welchem er dem Kaiser eine von Generalleutnant Seeger befehligte Division von etwa 7000 Mann, 800 Pferden und 16 Geschützen zur Verfügung stellte.

Ebenso wie Baden und Württemberg hatten auch Hessen-Darmstadt und Nassau mehrere 1000 Mann an die französische Armee abzustellen.

Das Königreich Preußen blieb zu diesem Zeitpunkt neutral.

Elchinger Vorgeschichte

(Säkularisation im Jahre 1802/1803)

Der heutige Ortsteil Oberelchingen bestand im Jahre 1800 aus zwei Teilen, und zwar aus der freien Reichsabtei Elchingen und dem am Fuße des Klosterbergs und an der heutigen Klostersteige liegenden Ort, welcher damals noch Thal hieß. Als im Jahre 1801 der 64jährige Pater Robert II. Plersch (ein gebürtiger Elchinger) zum 35. Abt des Klosters Elchingen gewählt wurde, warf die französische Revolution (1789) ihre Schatten auch schon bis nach Elchingen. Bereits am 30. Dezember 1801 traf, von Wien kommend, die erste Nachricht im Kloster ein, daß alle Stifte säkularisiert werden sollten. Eine über 600 Jahre alte Elchinger Tradition ist dadurch erschüttert worden.

Im Kloster Elchingen amtierten damals 31 Geistliche und etwa 20 Beamte. Die Anzahl der Bediensteten dürfte 100 bis 150 Personen betragen haben. Zum Kloster gehörten die Orte Thal, Thalfingen, Dornstadt, Tomerdingen, Westerstetten, Stoffenried, Hausen, Oberfahlheim, Unterfahlheim, Straß, Nersingen und Leibi. Im 15. Jahrhundert, der Blütezeit des Klosters, waren es sogar mehr als 80 Ortschaften. Der Jahresumsatz betrug 1801 59 000 Florins. Ein Rind kostete damals 80 und ein Schwein 15 Florins. Das Kloster selbst war ringsum durch eine Mauer geschützt. Sein Haupteingang, das an der Klostersteige gelegene Martinstor, hatte damals tatsächlich noch ein kräftiges Tor bzw. ein Gitter und wurde durch einen Torwart und klostereigenes Militär bewacht. Das Klostermilitär bestand in jener Zeit aus Hauptmann Stolz, Leutnant Fahninger, einem Feldwebel, zwei Reitern und acht Kavalleristen. Nicht jeder durfte das Tor passieren.

Der am Fuße des etwa 60 m hohen Berges gelegene Ort Thal (1817 wurde er in Oberelchingen umbenannt) zählte damals ca. 500 Einwohner, und der Klosterschmied, Georg Hiller, war sein Bürgermeister. Die Landwirte besaßen zusammen ungefähr 20 Ochsen und 150 Rinder. Viele Häuser des Ortes gehörten in dieser Zeit zum Kloster, so zum Beispiel die Braunmeisterei, Küferei, Ziegelei, Mühle und Schmiede, der Heustadel, Ziegelstadel und Zehentstadel sowie das Schafhaus, das Fischerhaus und andere mehr. Die Klosteruntertanen hatten ab dem Jahr 1782 vom Kloster ein Grundstück von einem halben Jauchert gült- und zehentfrei erhalten; alles andere war steuerpflichtig. Bereits im Jahr 1775 waren Handwerkerzünfte bzw. Laden gegründet worden. Der ersten Lade gehörten die Schreiner, Küfer, Schlosser und Fischer mit insgesamt 42 Mitgliedern an. Zur zweiten Lade zählten die Metzger, Müller, Bäcker, Kaufleute und Bierbrauer mit zusammen 28 Mitgliedern. In der dritten Lade schließlich waren die Schneider, Schuster und Weber mit insgesamt 41 Mitgliedern vereinigt. 1792 kam dann noch eine vierte Lade hinzu, in der die Barbiere, Bader und Wundärzte zusammengeschlossen waren. Die Freisprechung nach Lehrabschluß und das Ausstellen eines Lehrattestes (Gesellenbriefes) erfolgten in Elchingen und kosteten fünf Florins.

Die drei großen Zunftleuchten, welche heute noch beim Hohen Umgang mitgeführt werden, geben Zeugnis aus dieser Handwerkerzeit. Ein Facharbeiter war auch damals schon ein angesehener Mann.

In der damaligen Zeit erfreute sich die Klosterkirche Elchingen als ein gern besuchter Wallfahrtsort. So waren zum Beispiel am 9. April 1802 beachtenswerte 3000 Pilger nach Elchingen gekommen, um gemeinsam das Sieben-Schmerzen-Bruderschaftsfest zu feiern. Das Landgericht war im heutigen Grundschulgebäude (Klostersteige 10) untergebracht, und ein Herr Landrichter Poppel, ein gebürtiger Koblenzer, führte die Geschäfte. Er war für den gesamten Klosterbereich sowie für Leipheim, Riedheim und Weissingen zuständig. Dem Rentamt stand ein Herr Stark vor. Beim Landgericht und beim Rentamt waren je zwei Schreiber und zwei Gehilfen beschäftigt. Das Klosterspital leite ein Chirurg namens Ostertag und einige Medizinstudenten assistierten.

Am Morgen des 31. August 1802 erschienen um 6 Uhr 90 bayerische Kavalleristen des Generals Gaza an der Klosterpforte und besetzten anschließend das Kloster. Die Beschlagnahme des Klosterbesitzes erfolgte schließlich am 4. Septem-

Die Reichsabtei Elchingen bei Ulm im 18. Jahrhundert

Gegründet von dem Markgrafen Konrad von Meissen. Kloster-Einweihung im Jahr 1128. Napoleon nannte sie: »Le salon du bon dieu«

ber 1802 durch den Landpfleger von Mindelheim, Baron von Hertling. Dabei überreichte er dem Abt Robert II. Plersch ein persönliches Handschreiben des Kurfürsten Max Josef von Bayern vom 23. August 1802. Das Schreiben hatte folgenden Inhalt:

Absender: Joseph, Pfalzgraf bei Rhein, in Ober- und Niederbayern, Herzog des Heiligen Römischen Reiches, Erztruchseß und Churfürst
Unseren gnädigsten Gruß zuvor. Ehrwürdiger, Lieber, Andächtiger!
Da sowohl seine königliche preußische, als auch seine Kaiserliche Königliche Majestät, und zwar letzter im Namen des Herrn Großherzogs von Toscana, sich durch die Lage der dermaligen Umstände veranlaßt gesehen haben, jene Reichslande, welche denselben in den Verhandlungen mit gemeinsamen Einverständnis aller bei der Sache interessierten Mächte zugewiesen worden sind – provisorisch und bis von Kaiser und Reich etwas Bestimmtes entschieden sein wird – occupieren zu lassen, so sehen auch wir uns zur Sicherstellung der uns in obigen Verhandlungen ebenfalls heiligst zugesicherten Rechte in die Notwendigkeit versetzt, eine Abteilung unserer Truppen, unter dem Oberbefehl unseres Generalmajors Gaza, in die Reichsabtei Elchingen provisorisch zu verlegen.
Dabei geben wir Euer Ehrwürden die feierliche Versicherung, daß das einrückende Militär den Auftrag erhalten hat, sich in die Zivilverwaltung nicht im geringsten zu mischen, sondern die Grenzen einer bloß provisorischen Occupation strebig zu beachten, und überhaupt die schärfste Manneszucht zu halten.
Ferner hat das Militär den bestimmten Befehl, von den Quartiervätern außer dem gewöhnlichen Dach und Fach, Holz und Lagerstroh, nicht das mindeste unentgeltlich zu verlangen, sondern ihre Verpflegung sowohl, als auch die benötigte Fourage wird durch zu entrichtende Contracte beigeschafft, und gleich bar bezahlt.
Indem wir Euer Ehrwürden vorläufig benachrichtigten, versehen wir uns zugleich, daß Sie sich von der Notwendigkeit dieser Maßregel selbst überzeugen und dieselbe unter dem wahren Gesichtspunkt betrachten werden, die wir mit gnädigstem geneigten Willen, und allem guten Wohl beigetan, verbleiben.
Euer Ehrwürden ganz gutwilliger Churfürst Max Joseph
München, den 23. August 1802

Die zivile Besitznahme folgte am 29. September 1802. Damit hatten das Kloster und freie Reichsstift Elchingen nach 674 Jahren aufgehört zu existieren. Sie wurden dem bayerischen Staat einverleibt, und die Auflösung der Klostergüter nahm damit ihren Anfang. Schon am 1. März 1803 wurden das Fischerhaus für 700, der Heustadel für 450 und das Schafhaus für 200 Florins verkauft; die Klostermühle war bereits am 28. Juli 1802 an den Klostermüller Linder für 2600 Florins veräußert worden. Die Klosterapotheke, das sogenannte Hexenstüble, im Martinstor, von welcher angeblich geweihte Arzneimittel vertrieben wurden, hat man ebenfalls am 1. März 1803 geschlossen. Das Brauhaus wurde an den Braumeister Mühleisen zunächst verpachtet und später verkauft.

Im Auftrag des bayerischen Kurfürsten erfolgte am 13. April 1803 beim Fischerhaus die Errichtung einer Zollschranke, und der damalige Klosterfischermeister Michael Pabst avancierte zum Zöllner. Jeder, der die Donaubrücke passieren wollte, mußte von nun an vorher Zoll bezahlen. Ein Pferd oder Rind kostete zum Beispiel zwei Kreuzer, wobei der Zöllner mit 20 Prozent an den Zolleinnahmen beteiligt war.

Am Rande sei bemerkt, daß in Ulm am 21. Januar 1803 ein Dankgottesdienst und ein Freudenfest abgehalten wurden, weil die Ulmer inzwischen Bayern geworden waren. Man schoß mit Kanonen, und im Münster wurde das »Te Deum« gesungen.

Der Verfall und Ausverkauf des Klosters ging in den Jahren 1802 und 1803 letztlich soweit, daß den Mönchen außer einer kleinen Rente nichts mehr blieb. Am 26. März 1805 schließlich verstummten im Chorgestühl des altehrwürdigen Klosters Elchingen der letzte Chorgesang, das letzte Chorgebet der Benediktinermönche. Der Klosterchronist hat damals hierzu geschrieben:

»Wir sehen alle wie Leichen aus, alle Freud' hat sich in bitteres Leid verwandelt. So wird Elchingen ein simples Bauernnest. O tempora, o mores!« (O Zeiten, o Sitten!)

Als dann später der Bayernkönig Ludwig I. das von seinem Vater, König Max Joseph, und Staatsminister Montgelas dem Orden zugefügte Unrecht zu einem Teil wieder gutzumachen wünschte und deshalb einige Benediktinerklöster neu gründete (Metten, München-St. Bonifaz, Ettal und Augsburg-St. Stephan), lief 1826 auch in Elchingen die Anfrage ein, ob eine Restitution des Klosters in Verbindung mit einer von diesem geleiteten Bildungsanstalt möglich sei. Die Gegebenheiten in Elchingen ließen jedoch dies leider nicht mehr zu. Wie schon beschrieben, waren alle Grundstücke und Gebäude des Klosters, welche dem Staat entbehrlich erschienen, bereits versteigert worden und dadurch in Privathand gelangt. Zudem waren viele Klosterbauten abgerissen und an ihrer Stelle neue Wohnhäuser errichtet worden.

Auch von den vielen Kriegsereignissen früherer Zeiten ist das Kloster Elchingen und mit ihm der Ort Thal nebst Umgebung nicht verschont geblieben. Bereits im Dreißigjährigen Krieg (1618–1648) erlitt das ehrwürdige Kloster an Geld und Gut einen Schaden in Höhe von 200 000 Gulden. Insbesondere 1633 und 1634 ist die Arbeit schwer beschädigt worden, und die Umgebung von Ulm war in diesen Jahren immer wieder Kriegsschauplatz.

Nach der Französischen Revolution und ganz besonders nach der Hinrichtung des französischen Königs Ludwig XVI. am 21. Januar 1793 schlossen sich die europäischen Monarchen Englands, Rußlands und Österreichs gegen die Franzosen zusammen. Schon 1796 war es auf deutschem Boden zum sogenannten Ersten Koalitionskrieg gekommen, von dem auch Elchingen in Mitleidenschaft gezogen wurde. Vom März 1796 bis Februar 1801 kreuzten im Kloster Elchingen und in den umliegenden Orten abwechslungsweise Deutsche, Österreicher, Russen und vor allen Dingen Franzosen auf. Laufend ereigneten sich in der Umgebung Kampfhandlungen, und immer wieder wurde ganz besonders von den Franzosen geplündert, wurden Frauen vergewaltigt und Leute verprügelt oder gar gefoltert.

Der damalige Elchinger Klosterchronist, P. Baader, berichtet hiervon unter anderem wie folgt:

»Sie raubten auch alles, was von Leder war, die Wachsstöck, Halstücher; sie nahmen den Leut die Schuhe von den Füßen, trieben Unzucht mit kleinen Mägdelein. Es sind Erzlümmel, der Teufel könnte nicht boshafter sein als diese Kerls.«

(Oberelchingen war u.a. vom 24. Juni bis 7. Oktober 1800 von französischen Soldaten besetzt.) Der in den Jahren 1796 bis 1798 durch die Franzosen und Österreicher im Kloster und in den Ortschaften Thal und Thalfingen angerichtete Schaden belief sich auf 78 527 Florins. Darüber hinaus hatte das Kloster ca. 20 000 Ziegelsteine und viel Holz für den Festungsbau nach Ulm zu liefern, und die arbeitsfähigen Männer der gesamten Ulmer Umgebung mußten zum Schanzenbau nach Ulm kommen.

Als Napoleon mit seinen Soldaten im Oktober 1805 in Elchingen einzog, waren diese für die Einwohner keine Unbekannten mehr.

Elchingen. Nachdem die bayerische Besitzergreifung im September 1802 erfolgte, fand im Frühjahr 1803 im Auftrag der bayerischen Regierung eine Landvermessung statt.

Diese Unterlagen dürften im Jahre 1805 auch der französischen Armee zur Verfügung gestanden haben.

Karte des Landvermessers Johann Martin Walck, vermessen und aufgetragen vom 22. März bis 18. April 1803.

Bayerisches Hauptstaatsarchiv München, Plansammlung.

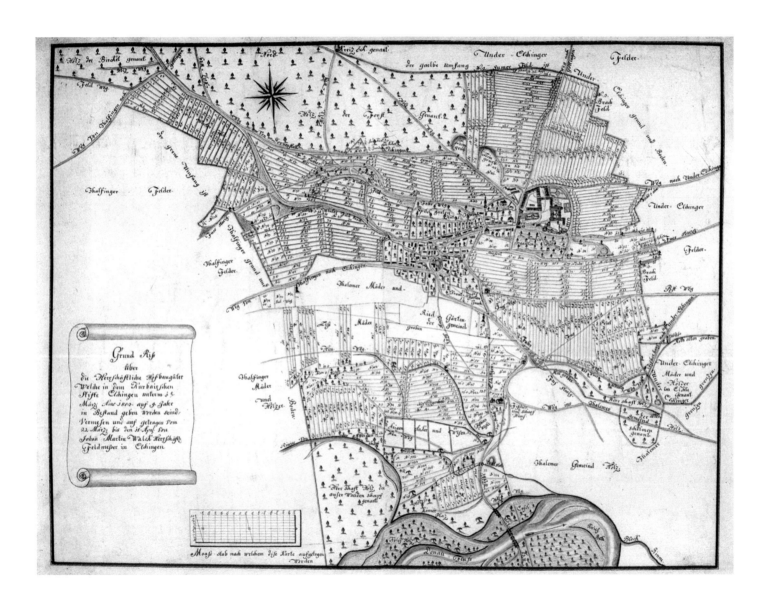

Aufmarsch der Gegner in Deutschland

Die Französische Revolution (1789) war u.a. für die Franzosen die Geburtsstunde einer neuen militärischen Epoche. Nicht mehr Adel, Einfluß und Geld waren gefragt, sondern überwiegend Leistung und Patriotismus.
Mit der Festnahme, Inhaftierung und Hinrichtung von König Ludwig XVI. im Jahr 1793 durch die Revolutionäre sahen viele europäische Monarchen eine Gefahr für ihr Land, ihre Macht und – nicht zuletzt – auch für ihre Personen. Sie schlossen sich zweimal (1792–1797 und 1799–1801) in Koalitionen zusammen und schickten ihre Heere gegen das revolutionäre Frankreich.
Es gelang ihnen nicht, die Franzosen niederzuwerfen, im Gegenteil: Aus diesen Kriegen gingen die Revolutionäre mit ihren Anhängern immer siegreich und gestärkt hervor. Besonders ausgezeichnet haben sie sich in der Schlacht bei Valmy (westlich Verdun) am 20. September 1792, in der ca. 50 000 Franzosen unter General Kellermann mehr als 100 000 Österreicher und Preußen in die Flucht schlugen.
Napoleon, der sich besonders im Italienfeldzug als Feldherr seine Sporen verdiente, setzte sich 1804 – mit Zustimmung der Franzosen – selbst die Kaiserkrone aufs Haupt. Eines seiner wichtigsten Ziele war es, England zu erobern, um – wie er sagte – *»sechs schimpfvolle Jahrhunderte zu rächen«*. Entlang der Kanalküste stellte er eine Invasionsarmee auf. Mit dem verstärkten Bau einer französischen Flotte wurde bereits 1798 begonnen.
Nachdem die Engländer Malta besetzten, nahm Napoleon Hannover ein. Nach vielen politischen Reibereien erklärten die Engländer im Mai 1803 den Franzosen den Krieg. Im April und Juni 1805 schlossen sich England, Österreich und Rußland zu einer 3. Koalition zusammen. Die Engländer wollten mit allen Mitteln eine Invasion auf ihre Insel verhindern und versuchten, die Franzosen an das Festland zu binden. Eine vereinigte Streitmacht von 340 000 Mann sollte Napoleon niederwerfen.

Am 22. September 1805 gab Napoleon im Senat folgende Erklärung ab:
»Die Wünsche der ewigen Feinde des Kontinents (England) sind in Erfüllung gegangen, der Krieg hat im Herzen Deutschlands begonnen. Österreich und Rußland haben sich mit England zusammengeschlossen, und unsere Generation sieht sich wiederum in die Kalamitäten des Krieges hineingestürzt«.

Napoleon vermutete, daß die Österreicher, wie in den beiden ersten Koalitionskriegen, sich in den Stellungen bei Ulm festsetzen würden. Er ließ das zu erwartende Operationsgebiet in Deutschland durch seine gut ausgebaute Spionage aufklären. Außerdem sollten falsche Berichte die Österreicher über die wahren Aufmarschpläne täuschen. Möglichst schnell und unbemerkt sollte der Aufmarsch im Rücken der Österreicher erreicht werden. Von den deutschen Verbündeten wurde nur Kurfürst Max-Josef von Bayern informiert, damit er seine Truppen vor den Österreichern noch rechtzeitig in Sicherheit bringen konnte.
Auf Befehl Napoleons vom 30. August 1805 wurde die neu aufgestellte »Grande Armee« von der Kanalküste nach Deutschland in Marsch gesetzt.
Diese französische Armee, welche auch Rheinarmee genannt wurde, und hauptsächlich aus dem Lager von Boulogne kam, erreichte den Rhein wie folgt:

III. Korps, Marschall Davout,
28 000 Mann, am 26. September bei Mannheim
IV. Korps, Marschall Soult,
39 000 Mann, am 25. und 26. September bei Speyer
V. Korps, Marschall Lannes,
18 400 Mann, am 25. September zwischen Straßburg und Hagenau
VI. Korps, Marschall Ney,
23 100 Mann, am 26. September bei Maxau

VII. Korps, Marschall Augereau,
12 500 Mann, am 23. September bei Hüningen
Garde, Marschall Bessieres, 6000 Mann, am 25. September bei Straßburg
7 Div. Kavallerie, Marschall Murat, 23 000 Mann, am 24. September bei Appenweiler
Artillerie Park, Marschall Murat, 3000 Mann, am 25. September bei Straßburg.

Das VII. Korps Augereau blieb befehlsmäßig am Rhein stehen.
Von den sieben Dragoner-Divisionen war eine, und zwar die Dragoner-Division zu Fuß Baraguay d'Hilliers, ohne Pferde. Diese sollten erst im Feindesland beschafft werden. Zur Täuschung der Österreicher operierten drei Dragoner-Divisionen im Schwarzwald. Mack sollte annehmen, daß die französische Armee vom Schwarzwald nach Süddeutschland einmarschiert. Insgesamt hatte die Rheinarmee ca. 153 000 Mann.

Die Mainarmee, bestehend aus dem

I. Korps, Marschall Bernadotte, mit 16 900 Mann, kam von Hannover,
II. Korps, Marschall Marmont, mit 22 100 Mann, kam von Holland.

Zur französischen Rhein- und Mainarmee kamen noch die deutschen Verbündeten:

Bayern	23 000 Mann
Württemberg	7 000 Mann
Badenser	3 000 Mann
Hessen	3 000 Mann

Gesamtstärke der ›Grande Armee‹ mit Verbündeten = 228 000 Mann. (Der Marsch von der Kanalküste bis in den Raum Ulm dauerte sechs Wochen; für die damalige Zeit eine enorme Leistung.)

Im April 1805 erhielten die beiden österreichischen Feldmarschall-Leutnants Duka und Freiherr v. Mack den Auftrag, die Mobilmachung vorzubereiten.
Bereits am 8. September 1805 überschritt Mack mit der neu aufgestellten ersten Armee, bestehend aus dem

I. Korps, FML Fürst v. Schwarzenberg, mit	13 900 Mann,
II. Korps, FML Graf v. Riesch, mit	18 700 Mann,
III. Korps, FML Baron v. Werneck, mit	11 900 Mann

den Inn und verletzten damit die Souveränität der Bayern.
Diese Armee wurde Anfang Oktober verstärkt durch die in Tirol stehenden beiden Korps der 2. Armee unter Führung von

| FML Kienmayer mit | 16 100 Mann, |

welche im Raum Ingolstadt operierten und die Verbindung zu den Russen herstellen sollten, sowie

| FML Jellachich mit | 11 400 Mann. |
| Gesamtstärke der Österreicher ca. | 72 000 Mann. |

Bei der 1. Armee befand sich auch der 24jährige Erzherzog Ferdinand, der im Kriegsfall – gegen seinen Willen – FML v. Mack unterstellt war. Mack hatte den Auftrag, den Rückzug bzw. die Flucht der bayer. Armee in Richtung Frankreich zu verhindern und diese möglichst mit seiner Armee zu vereinigen, dabei jede Feindseligkeit zu vermeiden, aber auch jede zu erwidern.
Mit der Eingliederung hatte Mack kein Glück. Die bayerischen Truppen mit ihrem Kurfürsten Maximilian-Joseph konnten sich rechtzeitig zurückziehen und in Sicherheit bringen.
General Deroy versammelte im Raum München – Regensburg und General Wrede im Raum Ulm ihre bayerischen

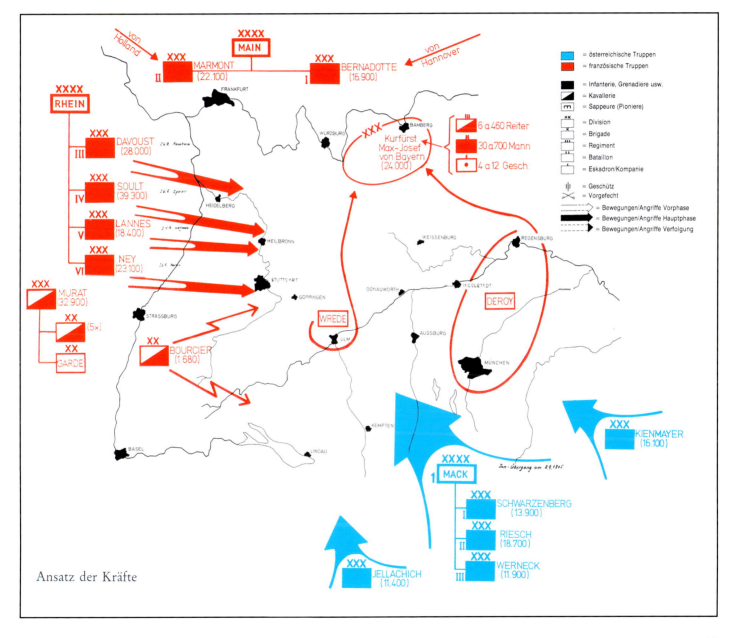

K. P. Fürst Wrede, bayerischer Feldmarschall, 1767–1838. – Wrede war der größte bayerische Feldmarschall. Sein Denkmal steht neben Tilly in der Feldherrnhalle in München.

Truppen und brachten sie nach Bamberg-Würzburg, wo sie sich unter den Schutz der französischen Mainarmee begaben. Mit dieser militärischen Aktion begannen auch die Kriegsereignisse in Elchingen und Umgebung. Am 17. September 1805 erschienen in den bayerisch-schwäbischen Ortschaften zwischen Augsburg und Ulm die Kriegsposaunenbläser und riefen alle Reservisten und im Urlaub befindlichen Soldaten nach Ulm zu ihren Einheiten. In aller Eile stellte General Wrede seine Division zusammen und bereits am 18. September um 15 Uhr konnte er mit klingendem Spiel und unter dem Jubel der Bevölkerung mit ca. 10 000 Mann in Richtung Würzburg abmarschieren.

Nur durch dieses schnelle Handeln konnte Wrede mit seinen Soldaten einer österreichischen Gefangennahme entgehen. Bereits am 19. September erreichten die ersten österr. Quartiermacher Ulm und meldeten die Ankunft zahlreicher Soldaten, welche einen Tag später bereits eintrafen.

Einer alten Tradition folgend (erster und zweiter Koalitionskrieg) erwartete FML v. Mack den französischen Aufmarsch und Angriff von Straßburg her durch den Schwarzwald auf der Linie Ulm-Memmingen. Er hielt die Iller für eine natürliche Verteidigungslinie und traf deshalb auch entsprechende Maßnahmen.

Ulm, 1801 im ›Frieden von Luneville‹ an Bayern gelangt, war als Festung erst wieder instand zu setzen, nachdem seine Befestigungsanlagen 1800 durch den französischen Marschall Moreau geschleift worden waren.

Nach Mack's Informationen sollten die Verbündeten 60 000 Russen unter dem Kommando von General Kotosow am 18. Oktober den Inn erreicht haben. So lange glaubte er die Franzosen – die er auf 80 000–100 000 Mann schätzte – an der Iller-Linie hinhalten zu können. Nach der Vereinigung mit den Russen wollte er die Franzosen schlagen und über den Rhein zurückdrängen.

Diese österreichische Strategie hatte Napoleon erwartet und Mack marschierte genau in den gewünschten Räumen auf. Er traf am 21. September 1805 persönlich in Ulm ein, um mit dem Ing.-Oberst Dedovich Anordnungen für die Verschanzung der Stadt zu treffen und um die Befestigung entlang der Iller zu überwachen. Das Hauptquartier wurde in Ulm im Gasthof »Zum Rad« eingerichtet.

Kaum recht angekommen, begannen die Österreicher – mit Unterstützung von 4000 Zivilisten der näheren Umgebung – mit dem forcierten Ausbau der Befestigungsanlagen. Unter den Zivilisten waren auch viele Bürger vom heutigen Elchingen, welche für einen Gulden pro Tag mitarbeiten mußten.

Mit seinen Truppen kontrollierte Mack ganz Oberschwaben, den Schwarzwald und das Allgäu. Besonderen Schwerpunkt legte er in den Donau-Iller-Raum. Im einzelnen operierten seine Truppen in nachstehenden Bereichen:

1. Korps Schwarzenberg: Zwischen Bodensee, Donau und Iller, mit dem Hauptquartier in Ravensburg.
2. Korps Riesch: Südlich der Donau zwischen Iller und Lech, mit dem Hauptquartier in Weißenhorn.
3. Korps Werneck: Im Allgäuer Raum, zwischen Memmingen und Buchloe, mit dem Hauptquartier in Türkheim bei Buchloe.
4. Korps Jellachich: Im Bodenseeraum zwischen Meersburg, Lindau und Kempten.
5. Korps Kienmayer: Zwischen Ingolstadt–Neuburg und Eichstätt.

Neben der Iller-Verteidigungslinie waren auch die Donaubrücken von Ulm bis Günzburg wegen der Flußbreite und starken Wasserführung von besonderer strategischer Bedeutung. FML Riesch ließ deshalb am 2. Oktober alle diese Donaubrücken besetzen. Die Oberelchinger Donaubrücke war ca. 60 m lang und hat ihren Standort bis heute beibehalten. Am 3. Oktober wurde die nördliche Hälfte des Brückenbelages (Holzbrücke) abgetragen, nachdem im Raum Stuttgart französische Truppen gesehen bzw. gemeldet worden waren. Außerdem wurde einen Tag später das Brückenkommando wesentlich verstärkt.

FML Mack gab am 4. Oktober an nachstehende Korps den Befehl, sich bis zum 8. Oktober in neue Positionen zu begeben und zwar

1. Korps Schwarzenberg: Zwischen Gögglingen und Grimmelfingen bei Ulm.
2. Korps Riesch: In und um Ulm.
3. Korps Werneck: Zwischen Günzburg und Leipheim.

Zur Sicherung der Stadt Ulm und der im Raum Weißenhorn und Krumbach stehenden Truppen ließ FML Mack am 5. Oktober die Donaubrücke bei Thalfingen völlig abtragen. Österreichische Aufklärungseinheiten sichteten am 6. Oktober auf der Alb im Raum Göppingen französische Truppen, welche in Richtung Giengen–Heidenheim marschierten. (Es war die Nachhut des VI. Korps Ney.)

An diesem Tag erschienen in Oberelchingen Schwarzenberg-Ulanen, welche als Aufklärungseinheit in nördlicher Richtung (Geislingen–Herbrechtingen) operierten. Sie quartierten sich in dem heute noch vorhandenen Bauernhaus (Thalfinger Straße 13) bei dem damaligen Stuckführer Franz-Xaver Benz ein.

Täglich trafen im österreichischen Hauptquartier Meldungen über feindliche Truppenbewegungen ein.

Am 7. Oktober erhielt Mack in Ulm die Nachricht, daß Donauwörth von den Franzosen besetzt wurde. Er mußte deshalb seinen Plan, auf das linke nördliche Donauufer zu gehen, aufgeben, um damit nicht den von Braunau über München und Landsberg heranziehenden Artillerie-Train für Ulm und Memmingen zu gefährden.

Napoleon-Befehl an die Bayern vom 7. Oktober 1805.
Handschriftlich verfaßt von Marschall Berthier.

Nachdem er die Grande Armee zahlenmäßig weit unterschätzte, wollte er Napoleon den Weg nach Augsburg sperren. Bei einem Angriff der Franzosen sollte seine Armee zwischen Günzburg und Ichenhausen Stellung beziehen. Er beschloß deshalb, die Armee bei Günzburg zu versammeln. Am gleichen Tag, bevor er sich selber nach Günzburg begab, erteilte er folgende Befehle:

1. Korps Jellachich nach Ulm.
   Nur die Brigade Wolfskehl mußte bei Stockach, Memmingen und Lindau stehen bleiben.
2. Korps Riesch nach Günzburg.
3. Division Auffenberg nach Wertingen.
   Sie sollte mit Kienmayer Verbindung aufnehmen.

Bei einem Angriff sollte die Günz Frontlinie sein, mit Riesch im Zentrum; Schwarzenberg sollte den rechten und Werneck den linken Flügel bilden.
Am Nachmittag des 7. Oktober erhielt Mack in Günzburg die Meldung, daß sich Bernadotte mit den Bayern vereinigt hat, durch das neutrale Ansbach gezogen sei und ebenfalls der Donau zustreben würde.
Die zahlenmäßige Verstärkung der Main-Armee wurde auf ca. 37 000 Mann geschätzt, mit der Mack bisher nicht gerechnet hatte. Er mußte deshalb seinen Plan zum dritten Male umwerfen und faßte den Entschluß, einen Rückzug an den Lech anzutreten, um eine Vereinigung mit dem Korps Kienmayer und den Russen möglichst am 16. Oktober am Inn zu erreichen.
Da aber infolge der Befehle vom 4. und 5. Oktober die Armee in mehreren Abteilungen auf Ulm und Günzburg marschierte, mußte er zunächst abwarten, bis sich die einzelnen Korps wieder vereinigt hatten. Bei größter Eile der Truppenbewegungen war das frühestens in der Nacht vom 8. auf den 9. Oktober möglich. Mack wollte dann am 9. vormittags über Zusmarshausen–Augsburg Richtung Österreich marschieren.

Am 13. September erfuhr Kaiser Napoleon, daß die Österreicher den Inn und am 18. den Lech überschritten hatten und sich in Richtung Ulm fortbewegten.
Am 1. Oktober erreichte die Rhein-Armee die Linie Stuttgart – Neckarelz und die Main-Armee den Raum Würzburg – Bamberg.
Aus dem eiligen Vorstürmen der Österreicher bis zur Iller zog Napoleon die Schlußfolgerung, daß sie die Schwarzwaldpässe besetzen wollen. Er befahl deshalb, daß die Marschälle Lannes, Murat und Besieres mit ihren Truppen nicht bei Straßburg – Breisach, sondern bei Pforzheim über den Rhein setzen. Ungeachtet dessen operierten die drei Dragoner-Divisionen im Schwarzwald weiter, um die wahren Bewegungen zu verschleiern.
Napoleon, der inzwischen deutschen Boden betreten hatte, sandte durch Berthier aus Ettlingen bei Karlsruhe, an Marschall Marmont folgenden Befehl:

»Ettlingen, den 2. Oktober 1805
Ich schicken Ihnen, General, eine Skizze, aus der Sie die Richtung ersehen werden, welche die verschiedenen Armeekorps auf ihrem Marsche einschlagen.
Der Kaiser rechnet darauf, daß Sie sich, seinen Absichten gemäß, die ich Ihnen mitgeteilt habe, ebenso wie der Marschall Bernadotte, heute in Marsch gesetzt haben werden, nach den Befehlen und in der Richtung, die Ihnen dieser Marschall gegeben haben wird. Alle Armeekorps setzen sich gleicher Weise in Bewegung und gehen über den Neckar.
Ich schreibe an den Marschall Bernadotte, daß er aus der an ihn, wie auch an Sie gerichteten Proklamation ersieht, daß wir uns im vollen Kriege befinden, daß er daher alles, was er vor sich findet, angreifen soll, und daß Sie bei all diesen Bewegungen Ihre Kommunikationen mit dem Marschall Davoust aufrecht erhalten sollen.
Ich informiere ihn, daß der Kaiser diesen Abend in Stutt-

III. Beylage

Tagsbefehl des französischen Kaisers an die bayerischen Truppen.

(Aus l'original.)

Soldats bavarois! Je viens me mettre à la tête de mon armée pour délivrer votre patrie de la plus injuste agression.

La maison d'Autriche vient de méconnaître votre indépendance et vous incorporer à ses vastes états. Vous serez fidèles à la mémoire de vos ancêtres qui, quelquefois oppressés, ne furent jamais abattus, et conservèrent toujours cette indépendance, cette existence politique qui sont les premiers biens des nations, et la fidélité à la maison palatine est le premier de vos devoirs.

En bon allié de votre souverain, j'ai été touché des marques d'amour que vous lui avez données dans cette circonstance importante.

Je connais votre bravoure; je me flatte qu'après la première bataille je pourrai dire à votre prince et à mon peuple que vous êtes dignes de combattre dans les rangs de la grande armée!

Bayrische Soldaten!

Ich stelle mich an die Spitze meiner Armee, um euer Vaterland vor einem ungerechten Anfalle zu bewahren. Das Haus Oesterreich will mit euch Unabhängigkeit vernichten, und euch seinen ausgebreiteten Ländern einverleiben. Ihr werdet aber dem Andenken eurer Vorfahren treu sein, welche, zwar manchmal unterdrückt, sich nie unterjocht und dies, so denn allemal ihre Unabhängigkeit und politische Existenz behaupteten. Die wahren Güter der Völker, so wie die Treue gegen das Kurfürstliche Bayern, sind euch eure Pflichten ist. Als braven Leuten, zu euren Fürsten habt euch die Beweise der Anhänglichkeit gemacht, welche ihr ihm in diesen wichtigen Zeitpunkt gegeben habt. Ich kenne eure Tapferkeit, und schmeichle mir, nach der ersten Schlacht euren Fürsten und meinem Volk sagen zu können, daß ihr würdig seid, in den Reihen der grossen Armee zu kämpfen.

Napoleon
Auf Befehl des Kaisers u. Königs, des Generalquartiermeisters der Armee,
Marschall Berthier.

gart sein wird; daß Seine Majestät so der Bewegung der beiden Korps des rechten Flügels folgen wird, da es möglich wäre, daß der Feind über Ulm debouchirt.

Das Korps, welches aus Böhmen über die Rednitz debouchirt hat, bestehe nur aus einem oder zwei Kavallerie-Regimentern und einigen Bataillonen Infanterie.

Wenn der Feind über die Donau ginge, um gegen den Marschall Bernadotte zu marschieren, ist es die Absicht Seiner Majestät, daß er ihn angreife, und daß Sie immer Ihre Verbindung aufrecht erhalten. In diesem Falle würde die ganze Armee eine Bewegung auf die beiden ersten Korps machen.

Im Augenblick, wo unser rechter Flügel über Heidenheim hinausgelangt sein wird, wird sich der Kaiser persönlich zu den beiden ersten Armeekorps begeben, deren Truppen Seine Majestät mit Vergnügen sehen wird.

Es liegt nicht in der Absicht des Kaisers, Magazine zu errichten, diejenigen ausgenommen, welche für etwa eintretende Fälle dienen sollen. Die Armee soll sich durch Requisitionen unterhalten und ordnungsgemäße Bons hinterlassen, die der Kaiser auslösen wird.

Alle Länder, die Österreichs Freunde sind, sind unsere Feinde und müssen als solche behandelt werden. Ich werde Ihnen die Liste derselben übersenden; und es ist jetzt die Aufgabe, die Österreicher vor Ankunft der Russen zu vernichten.

Ich denke, Sie haben von der batavischen Regierung den Sold Ihrer Armee für den ganzen Monat Oktober erhalten. Was die Truppen des Landgrafen von Hessen-Darmstadt anbetrifft, die Sie haben sollten, so können Sie für den Augenblick nicht darauf rechnen.   Berthier«

Ähnlich lautende Befehle erhielten auch die anderen Marschälle.

Die »Grande Armee« erreichte am 6. Oktober folgende Räume:

I.	Korps Bernadotte	Gunzenhausen
II.	Korps Marmont	Wassertrüdingen
III.	Korps Davoust	Öttingen
IV.	Korps Soult	Ellwangen – Donauwörth
V.	Korps Lannes	Aalen – Neresheim
VI.	Korps Ney	Giengen a d. Brenz
–	Kav.-Reserven und Garde unter Marschall Murat	bei Nördlingen
–	Dragoner-Div. Bourcier	Filstal
–	Dragoner zu Fuß, Baraguay d'Hillier	Herbrechtingen
–	Bayern	Spalt – Weissenburg

Am 7. Oktober erließ Napoleon an die in Richtung München marschierende bayerische Armee folgenden Tagesbefehl:

»Bayerische Soldaten! Ich habe mich an die Spitze meiner Armee gestellt, um euer Vaterland von einem ungerechten Angriff (durch die Österreicher) zu befreien ...«

Solche Worte haben ihre Wirkung auf die bayerischen Truppen nicht verfehlt und es wird berichtet, daß sie mit Begeisterung Seite an Seite mit den Franzosen gegen die Österreicher in den Kampf zogen.

Am gleichen Tag überschritt das IV. Korps Soult bei Donauwörth die Donau und drängte die Österreicher bis Rain am Lech zurück.

Fast ohne einen Schuß abzugeben, hatte Napoleon den Übergang über die Donau geschafft und befand sich damit im Rücken der Österreicher. Erleichtert wurde dieser Vormarsch noch ganz besonders durch die Energielosigkeit des FML Kienmayer, der sich mit seinem Korps von der Donau in Richtung Aichach, Dachau nach München zurückzog.

Nachdem Napoleon glaubte, die österreichische Armee im Raum Mindelbeim – Buchloe zu treffen, hoffte er, daß Ney stark genug wäre, um am linken Donauufer aufwärts zu

operieren und Ulm einzunehmen. In einem Brief an Ney heißt es:
»Ich kann mir nicht denken, daß der Feind einen anderen Plan haben könnte, als sich auf Augsburg oder Landsberg oder sogar Füssen zurückzuziehen.
Immerhin ist es möglich, daß er zögert, und in diesem Falle liegt es an uns, dafür zu sorgen, daß keiner entkommt.«

In einem weiteren Schreiben, das Napoleon an Ney richten läßt, heißt es:
»Seine Majestät glaubt nicht, daß der Feind unsinnig genug sein könnte, auf das linke Ufer der Donau zu gehen, weil all seine Magazine in Memmingen sind und er das größte Interesse hat, sich nicht von Tirol zu trennen, welches er durch dieses Manöver gänzlich entblößen würde.«

Ney erhielt am 7. Oktober folgende Befehle:
VI. Korps rückt:
1. auf dem linken Donauufer gegen Ulm vor.
   (Er wußte zu diesem Zeitpunkt noch nicht, daß Ulm durch starke österreichische Truppenverbände besetzt war.)
2. gegen Günzburg vor und verhindert jeden Versuch der Österreicher, Donauwörth wieder zu nehmen.

Er befahl daraufhin seinen Truppen folgendes:
Die 1. Division unter General Dupont mit der leichten Kavallerie besetzt die Höhen hinter (westlich) Albeck mit vorgeschobenen Posten gegen Thalfingen und Haslach. Die 2. Division unter General Loison bezieht in Fühlung mit der 1. Division Stellungen bei Langenau und besetzt die Brücken bei Oberelchingen und Thalfingen. Die 3. Div. unter General Malher marschiert unter Zurücklassung von Sicherungsposten an den Brücken von Dillingen, Gundelfingen und Lauingen auf dem linken Donauufer stromaufwärts, nimmt die Brücken von Reisensburg, Günzburg und Leipheim und wirft die Hälfte der Division auf das rechte Donauufer. Die Dragoner-Division Bourciers wurde verlegt nach Nerenstetten, und die Dragoner zu Fuß verbleiben in Herbrechtingen.

Marschall Marmont vom II. Korps erhielt vom Generalstabschef Berthier folgenden Befehl:
»Donauwörth, den 8. Oktober 1805
Es ist die Absicht des Kaisers, Herr General Marmont, daß Sie sich heute Ingolstadts bemächtigen, wenn Sie es schneller bewerkstelligen können, als der Marschall Bernadotte, der den Befehl erhalten hat, es morgen zu besetzen.
Der Kaiser denkt, Sie werden im Stande sein, die Donau zwischen Neuburg und Ingolstadt zu überschreiten. Sie müssen unverzüglich über diesen Fluß gehen, wenn der Marschall Bernadotte niemanden vor sich findet; und unmittelbar nach Ihrem Übergange über die Donau müssen Sie sich nach Ingolstadt begeben, um daselbst die Brücken auszubessern, und den Übergang des Marschalls Bernadotte und des Bayerischen Korps erleichtern.
Ich erinnere Sie an den Befehl, jeden Abend einen Adjudanten oder Stabsoffizier zu mir zu schicken und mich von allen Vorfällen in Kenntnis zu setzen.«

Murat erhielt den Auftrag, mit seiner Reserve und der Kavallerie des V. Korps gegen Zusmarshausen und Burgau zu marschieren.

Gefecht bei Wertingen am 8. Oktober 1805

Am 8. Oktober hatte die österreichische Armee folgende Positionen erreicht:
1. Korps Jellachich war in Ulm.
2. Korps Schwarzenberg war auf dem Marsch von Ulm nach Günzburg.
3. Korps Riesch; die Division Laudon hatte Günzburg erreicht, der Rest war im Anmarsch.
4. Korps Werneck stand in Günzburg.
5. Division Auffenberg mit ca. 5000 Infanteristen und 400 Reitern hatte nach elfstündigem Nachtmarsch Wertingen erreicht. Er erhielt den Befehl, weiterzumarschieren und Zusmarshausen zu besetzen.

Mit Rücksicht auf die Ermüdung seiner Truppen ließ er in Wertingen rasten. Diese Verzögerung verwickelte ihn in ein unglückliches Gefecht.

Am selben Morgen um 8 Uhr brach Prinz Murat mit zwei Dragoner- und einer schweren Kavallerie-Division von Donauwörth nach Zusmarshausen auf. Vor Abmarsch verständigte er seine Truppen, daß man mit Sicherheit auf den Feind treffen würde. In Mertingen stießen vom 5. Korps die 9. und 10. Husaren zu ihm, die er sofort als Vorhut vorausschickte. Beim Kloster Holzen erhielt Murat die Meldung, daß Wertingen von einem ca. 12 000 Mann starken Feind besetzt ist.

Zur gleichen Zeit marschierte vom Norden her der Rest des 5. Korps Lannes, welches die Absicht hatte, Augsburg zu erreichen. Die Stärke der auf Wertingen marschierenden Franzosen betrug ca. 8000 Mann Infanterie und 6000 Reiter mit 21 Geschützen. FML Auffenberg wurde zum ersten Mal kurz nach 12 Uhr mittags über den Anmarsch der Franzosen informiert. Er stellte sich in Unwissenheit der gegnerischen Übermacht zum Kampf und verteilte seine Truppen zwischen Reatshofen, Gottmannshofen, Roggden und Binswangen mit Schwerpunkt in Wertingen. Tapfer verteidigten sich seine Soldaten, doch nach ein bis zwei Stunden zum Teil heftiger Nahkämpfe, mußten sich die Österreicher gegen 18 Uhr geschlagen geben.

Nur kleine Einheiten konnten der Umklammerung der Franzosen entkommen. FML Auffenberg mußte den Weg in die Gefangenschaft antreten.

Glück im Unglück hatten die Generale Hohenfeld und Dinnersberg, welche mit 1400 Mann und einer Eskadron sowie zwei Geschützen im Schutz der Dunkelheit nach Zusmarshausen entkommen konnten.

Die Franzosen machten 2500 Gefangene, erbeuteten sechs Fahnen und sechs Geschütze. 850 Österreicher und ca. 130 Franzosen blieben tot auf dem Schlachtfeld liegen.

Das erste Gefecht des »Feldzugs um Ulm« hatte mit einer empfindlichen Niederlage der Österreicher geendet. Die Hauptursache dieser schweren Niederlage lag an der ziel- und planlosen Armeeführung Macks. Er hätte zu diesem Zeitpunkt erkennen müssen, daß der vorgeschobene Posten Wertingen ohne eine rückwärtige Verbindung/Sicherung sinnlos war.

Für Napoleon war dieses Gefecht von besonderer Bedeutung:
1. Der Sieg motivierte seine Truppen positiv.
2. Er erfuhr durch Gefangene, daß Mack am 6. Oktober in Günzburg war und Erzherzog Ferdinand erwartet wurde.
3. Daß die österreichische Armee eine Gesamtstärke von 60 000 bis 70 000 Mann hat und zwischen Memmingen und Ulm steht.

Günzburg wird am 9. Oktober von Marschall Ney erobert

Wenn es am 7. und 8. Oktober regnerisch war, dann gesellten sich am 9. Oktober Schneegestöber und winterliche Kälte dazu. Die Wege und Felder waren aufgeweicht und mit nassem Schnee überzogen.

In der Nacht zum 9. Oktober um 1 Uhr meldete GM Hohenfeld, der Kommandant der Grenadierbrigade Auffenberg, Erzherzog Ferdinand und FML Mack in Günzburg die vernichtende Niederlage der Division Auffenberg in Wertingen. Daraufhin alarmierte Mack sofort seine Truppen. Nach seiner Information waren die Franzosen bei Donauwörth über die Donau gegangen und hatten sich südlich davon versammelt. Er rechnete damit, daß Napoleon eine starke Avantgarde vorausschickt, um ihn auf der Lechlinie Donauwörth – Augsburg vom Korps Kienmayer und den Russen zu trennen. Diese Avantgarde wollte er schlagen und in forcierten Märschen versuchen, über den Lech zu kommen und sich in Richtung Inn zu retten. Er hatte deshalb vor, seine Truppen mit 43 Bataillonen und 46 Eskadronen mit etwa 36 000 Mann Infanterie und 7600 Reitern um Burgau zu konzentrieren, wo sie auf den Höhen zwischen der Kammel und Mindel Aufstellung beziehen sollten. Mack persönlich, mit Erzherzog Ferdinand, ritten nach Burgau, um das entsprechende Gelände zu inspizieren. Nachdem beiden diese Gegend für ihre Zwecke ungeeignet erschien und die Franzosen am 9. Oktober morgens von Wertingen her keine Verfolgung aufnahmen, ließen sie ihren Plan wieder fallen. Mack suchte östlich von Günzburg eine neue Stellung aus, mit einer ca. fünf Kilometer langen Frontlinie. Reisensburg bildete den linken Flügel und Limbach den rechten. Die Korps Schwarzenberg, Riesch und Werneck formierten sich entsprechend, wobei Truppen, die bereits Burgau erreicht hatten, wieder umkehren mußten. Die große Bagage der Armee wurde bei Weißenhorn gesammelt und erhielt den Befehl, über Memmingen nach Tirol abzufahren.

Solange diese Umstellungen liefen, hatte Mack schon wieder einen neuen Plan entworfen. Seiner Phantasie nach, war die französische Truppe bei Donauwörth über die Donau gegangen und befand sich kurz vor Augsburg. Mack gewann die Überzeugung, daß er mit der Armee nicht mehr über den Lech kam. Er wollte deshalb nördlich der Donau seine Truppen über Gundelfingen, Donauwörth, Neuburg und Regensburg marschieren lassen und sich auf kürzestem Weg mit dem Korps Kienmayer und den Russen vereinigen.

Seine neue Vorstellung nannte er:

»Disposition für den Übergang der Armee über die Donau.«

Diese Disposition wurde am 9. Oktober um 16 Uhr Erzherzog Ferdinand vorgelegt. Als die Schreiber begannen, diese für die Truppen abzuschreiben, war bereits Kanonendonner von Riedhausen her zu hören, und kurz danach wurde der Angriff der 3. Division Malher vom VI. Korps Ney auf Günzburg gemeldet.

Am 9. Oktober erreichte Napoleon Zusmarshausen, wo er übernachtete. Den eingegangenen Meldungen, daß die österreichische Armee in Ulm und Memmingen stehe, schenkte er wenig Glauben. Er vermutete immer noch, daß diese im Raum Augsburg – Buchloe – Mindelheim sich befinde. Über die Situation bei Wertingen, Donauwörth, Augsburg und Aichach war der Kaiser gut unterrichtet, aber gerade vom VI. Korps, der Gegend, wo nach den Gefangenenaussagen der Feind stehen sollte, fehlte jede Meldung. Napoleon wußte nicht, ob der am 8. Oktober um Mitternacht abgegangene Befehl an Ney wirklich angekommen war.

Er schreibt darin:

»Es ist wichtig, daß Sie bald in Günzburg ankommen, um alle Bewegungen des Feindes von Ulm auf Augsburg und von Ulm auf Donauwörth zu unterbrechen. Seien Sie sehr achtsam, wenn der Feind auf dem rechten Donauufer manövriert, damit Sie rasch und parallel mit ihm marschieren können. Werfen Sie die Division Gazan auf das rechte Ufer! Endlich verlieren Sie nicht aus den Augen, daß es nach dem Plan des Kaisers, den Feind zu umschließen und

ihm den Rückzug zu verwehren, nötig ist, die eigene Stärke etwas zu verheimlichen.«

Am 9. Oktober mittags folgte diesem Befehl Napoleons an Marschall Ney ein zweiter:
»Wir haben noch immer keine Nachricht von Ihnen und wissen nicht, wo Sie die Nacht zugebracht haben. Was Ulm betrifft, so ist es möglich, daß es der Feind stark besetzt hält. Wenn er es nur mit drei- bis viertausend Mann besetzt hat, senden Sie eine Division dahin, ihn zu vertreiben. Ist er dort viel stärker, marschieren Sie mit Ihrem ganzen Korps hin und schließen Sie es (Ulm) ein. Sodann richten Sie sich nach den Bewegungen des Feindes, sei es auf Augsburg oder Landsberg oder Memmingen. Melden Sie über alles zweimal am Tag dem Kaiser! Sie können sich denken, was ihm das für die allgemeine Entschlußfassung bedeutet.«

Bernadotte erhielt den Befehl, mit seinem Korps und den Bayern in Eilmärschen auf München zu marschieren, die Isarbrücken zu besetzen und die Straße nach Wien und Landsberg zu sperren. Das kaiserliche Hauptquartier und die Garde wurde nach Augsburg verlegt.

Der Befehl an Ney, Günzburg zu besetzen, führte am 9. Oktober zum Gefecht bei Günzburg. Marschall Ney ließ seine Truppen folgendermaßen aufmarschieren:

Die 1. Division Dupont und die leichte Kavallerie von Hausen nach Albeck bei Ulm; die Vorhut war so weit als möglich gegen Ulm vorzuschieben.

Die 2. Division Loison von Burgberg nach Langenau. Sie mußte versuchen, sich der Brücken bei Elchingen und Thalfingen zu bemächtigen.

Die 3. Division Mahlher von Dillingen und Gundelfingen auf der Straße nach Reisensburg und Günzburg und von Brenz über Bächingen und Riedhausen nach Günzburg. Diese Division sollte Stotzingen sowie die Brücken bei Dillingen und Lauingen besetzt halten und auch versuchen, sich der Leipheimer Brücke zu bemächtigen.

Der von Marschall Ney gegen Günzburg und Leipheim angesetzte General Malher ließ seine ca. 7500 Mann starke Division um 9 Uhr vormittags in drei Kolonnen abrücken. Die rechte Kolonne hatte von Stotzingen her die Leipheimer Brücke zu nehmen. Die aus drei Regimentern bestehende Kolonne in der Mitte sollte über Riedhausen gegen die Brücke bei Günzburg vorgehen. Hierzu muß betont werden, daß damit die Brücke nördlich von Günzburg gemeint war; die Chausseebrücke, östlich von Günzburg, war in der Disposition Marschall Neys unberücksichtigt geblieben, was den ungenauen französischen Generalstabskarten zuzuschreiben war. Die nur aus einem Regiment bestehende linke Kolonne hatte von der Gundelfinger Straße gegen Reisensburg vorzurücken. Die gegen Leipheim angesetzte rechte Kolonne geriet dabei in Donausümpfe und mußte nach Riedheim zurückkehren. Die mittlere Kolonne stieß auf ihrem Marsch von Riedhausen nach Günzburg auf den österreichischen General d'Aspre, den sie gefangennahmen, und später auf Tiroler Jäger, die sich langsam auf Günzburg zurückzogen. Dort waren zwischenzeitlich beide Brücken für einen geplanten Übergang der Österreicher instandgesetzt worden. Das österreichische Korps des FML v. Riesch formierte sich gerade im Raum Günzburg – Reisensburg – Limbach, als die Meldung vom schnellen Anrücken starker französischer Verbände von Riedhausen her geradezu wie eine Bombe einschlug.

Das in Günzburg einrückende Infanterieregiment Erzherzogs Karl wurde daraufhin sofort an die nur schwach besetzte Donaubrücke geworfen. Die Tiroler Jäger nördlich der Donau erhielten den Befehl, den französischen Vormarsch so lange zu verzögern, bis die Vorbereitungen zur Sicherung und eventuellen Abtragung der Günzburger Donaubrücken getroffen waren. Gleich darauf traf die Meldung ein, daß die Franzosen nicht nur von Riedhausen, sondern auch von Gun-

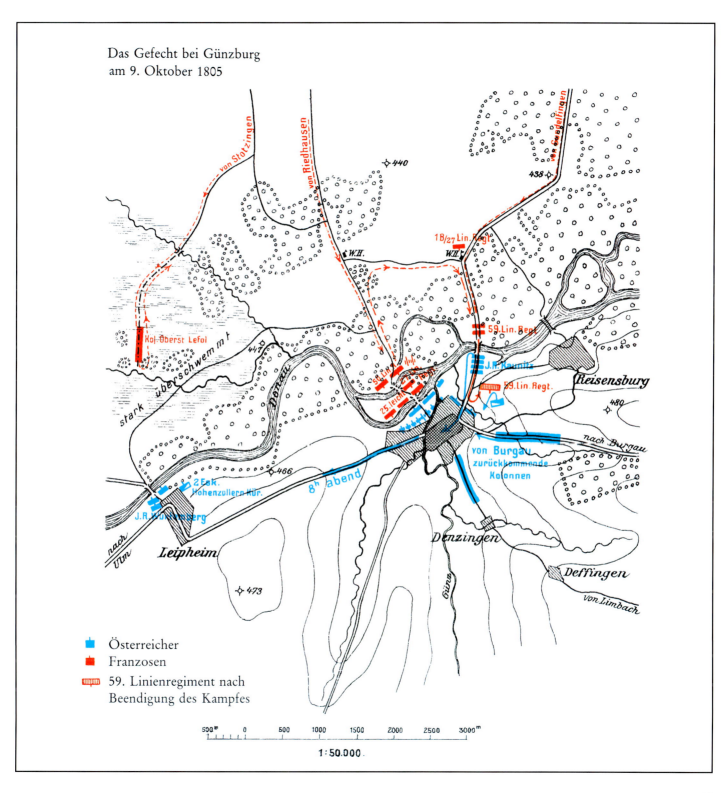

delfingen her anrücken würden. Nunmehr brachen die Österreicher die gefährdete Donaubrücke überhastet ab. Die Tiroler Jäger, die auf ihrem Rückzug später an der Donau anlangten, konnten nicht mehr übersetzen und mußten sich daher in Gefangenschaft begeben. Bei der westlichen Günzburger Donaubrücke fanden sie den Brückenteil über den nördlichen Arm völlig zerstört vor. Bei der anderen Brücke über den südlichen Arm war der Belag am südlichen Donau-Ufer entfernt.

Drei österreichische Bataillone und 20 Geschütze waren an dieser westlichen Brücke in Stellung. Als die Franzosen aus dem Donauwald heraustraten, empfing sie heftiges Artilleriefeuer, dem sie nicht standhielten. Trotzdem gelang es ihnen, einen Donauarm zu überqueren (damals floß die Donau in drei Hauptarmen breit daher) und von der sogenannten Insel aus das Feuer auf Günzburg zu eröffnen. Daraufhin gab der österreichische FML v. Riesch den Befehl, nach Wiederherstellung der Brücke an der Gundelfinger Straße mit sieben Bataillonen Infanterie und 14 Eskadronen Kavallerie über die Donau vorzubrechen, um die Franzosen zurückzuwerfen und den Weg für den in der Nacht zum 10. Oktober geplanten Übergang freizumachen. Für diesen Auftrag stellten die Österreicher das Regiment Kaunitz bereit. Als diese Truppe nach Wiederherstellung der Brücke den Vormarsch begann, brach auf der Gundelfinger Straße eine starke französische Kolonne aus dem Donauwald, stürmte über die Brücke und warf das Regiment Kaunitz auf Günzburg zurück. Die Franzosen stürmten zwar bis zur Stadtmauer, mußten sich aber zurückziehen. Erst bei Einbruch der Nacht verstummte der Kampflärm. Als General Malher nach der erfolglosen Operation auf der sogenannten Insel erfuhr, daß die Nachbarkolonne an der Gundelfinger Straße erfolgreich war, gab er allen Truppen seiner Division den Befehl, zur Donaubrücke an der Gundelfinger Straße abzurücken. Dadurch wurde die Durchführung des Planes von FML v. Riesch, bei Günzburg über die Donau zu setzen, vereitelt. Mack gab nunmehr seine Donauüberschreitungspläne im Widerstreit zu den Vorschlägen Erzherzog Ferdinands ganz auf und befahl der österreichischen Armee am Abend des 9. Oktober, als der Kampf im Osten Günzburgs noch heftig wütete, sich nach Ulm zurückzuziehen; dort sei sie, wie er sich poetisch ausdrückte, »in Abrahams Schoß«. Aber dieser Rückzug erfolgte nicht mehr planmäßig und geordnet, sondern in allgemeiner Panik, die sich nach Einbruch der Dunkelheit noch verstärkte.

In welcher Verfassung die österreichischen Soldaten von Günzburg her in Ulm eintrafen, schildert uns ein Tagebucheintrag eines Ulmer Bürgers: »*Am 9. Oktober hörten wir den Schlachtenlärm von Günzburg. Um 11 Uhr nachts begannen die geschlagenen Österreicher in größter Unordnung in Ulm einzutreffen. Infanterie und Kavallerie untereinander in kleinen Haufen und einzelnen Soldaten. Die Verwirrung war allgemein. Die Witterung war schrecklich. Schon am 9. Oktober begann es zu regnen und regnete ununterbrochen bis zum 14. Oktober fort. Dazu wehte ein eisiger Wind, der den Regen zeitweise in Schnee verwandelte. Die Truppen litten schrecklich. Ihre Schuhe und Mäntel waren zerrissen, ihre Waffen mit dickem Rost überzogen.*«

Bei Günzburg war jedoch im Laufe der Nacht zum 10. Oktober 1805 die ganze Division Malher eingetroffen. Der General ließ bei Tagesanbruch Günzburg zwar noch einschließen, die Masse der Österreicher, einschließlich ihrer Nachhut, war aber aus der Stadt bereits abgezogen. Die Franzosen konnten in Günzburg nur noch 1000 Österreicher, dazu 300 Verwundete und 150 Nachzügler, gefangennehmen. Ein französischer General mit einer ca. 7500 Mann starken Division brachte es fertig, daß ein FML Mack mit seinem Generalstab und ca. 40 000 Mann die Flucht ergriffen. So fiel die Stadt Günzburg überraschend in französische Hände.

Ney zog am 10. Oktober in Günzburg ein, wo er von Stadtpfarrer Dr. Feichtmayr und Bürgermeister Hänle empfangen wurde. Die darauffolgende Nacht verbrachte er im Günzburger Pfarrhof.

Die Franzosen vertreiben die Österreicher aus Günzburg.

Dem französischen General Malher gelang es, mit seiner 7500 Mann starken Division, FML Mack mit ca. 40 000 Mann in die Flucht zu schlagen.

Am 10. Oktober gab Ney von Günzburg aus an Napoleon folgenden Bericht:

»Die Division des General Malher hat gestern Wunderbares geleistet. General und Soldaten haben sich beim Angriff auf Günzburg mit Ruhm bedeckt. Das 59. Regiment hat den Marsch eröffnet und sofort die Brücke genommen. Der schätzungswerte Oberst Lacuée ist dabei gefallen. Der Erfolg dieses glänzenden Gefechtes ist die Wegnahme von fünf Kanonen, 1200 Gefangenen und 300–400 zurückgelassenen Verwundeten. Der Feind hat an Toten mindestens 1000 Mann verloren.«

Noch am gleichen Tag schrieb Kaiser Napoleon an den Prinzen Eugen Beauharnais:

»Der Feind, den ich bei Ulm in die Enge getrieben habe und umschlossen halte, wurde gestern abend von Ney bei Günzburg geschlagen und zersprengt.«

Und ebenfalls am 10. Oktober schrieb Napoleon an seinen Bruder Josef:

»Wir werden heute abend oder spätestens morgen in München sein. Die Russen beginnen anzukommen. Ich halte die österreichische Armee in Ulm eingeschlossen, sie wurde gestern von Ney bei Günzburg geschlagen.«

Wie bereits erwähnt, ist beim Sturm auf die Günzburger Donaubrücke der französische Oberst Lacuée gefallen. Er wurde als der tapfere Kommandeur des 59. französischen Regiments, nach einer kurzen Aufbahrung im unteren Riedwirtshaus, in die obere Stadt verbracht. Hier sollte er mit allen militärischen Ehren beerdigt werden. Den Sarg stellte man in die große Durchfahrt des heutigen Gebäudes der Kreis- und Stadtsparkasse am Marktplatz und umstellte ihn mit Ehrenwachen. Am 11. Oktober bestattete man den gefallenen Oberst nach einem pompösen Trauerzug an der Mauer des alten St.-Nikolaus-Kirchleins (in der Nähe des Haupteingangs des heutigen städtischen Friedhofs). Am großen Trauerzug der französischen Truppen nahmen auch Prinz Murat und Marschall Ney sowie der Bürgermeister und der Rat der Stadt teil. Stadtpfarrer Dr. Feichtmayr jedoch hatte seine Beteiligung abgelehnt.

Marschall Ney läßt die Elchinger Donaubrücke besetzen

Was der heutige Ortsteil Oberelchingen am 9. Oktober 1805 erlebte, lassen wir am besten zuerst den damaligen Chronisten des Klosters schildern:

»Der 9. versprach uns einige Ruhe und es ließen sich nur von Zeit zu Zeit österreichische Streifpatrouillen sehen. Die bisher angenehmen Herbsttage, welche den Kriegsoperationen sehr günstig zu sein schienen, änderten sich heute plötzlich; der Himmel umzog sich mit Regenwolken, und heftige Stürme, mit starken Regengüssen begleitet, machten unsere trüben Aussichten noch düsterer, und waren die traurigen Vorboten schauervollster Szenen, die in dem guten Elchingen sollten aufgeführt werden.

Der Plan der Franzosen, die Österreicher, welche die hiesige Donaubrücke besetzt hielten, in der Nacht vom 9. auf den 10. zu überfallen, und ihre Vorposten auszuheben, sollte realisiert werden. Der Plan wurde mit Mut und Nachdruck ausgeführt.

Schon abends zwischen 8 und 9 Uhr rückten einige Chasseurs von Langenau über Unterelchingen her in aller Stille ein, und postierten sich zwischen dem Ziegelstadel und des Baumeisters Wald Hause (heute Forstweg 4); ein zweites Detachement ging in Leipheim über die Brücke und zog gegen die St.-Wolfgangs-Kapelle (heute Klosterstraße 28) in Unterelchingen zu, welchem auch einige Infanterie folgte. Dem Fuchsen gleich, der bei kalter Winternacht auf die Beute lauernd jeden seiner Schritte abmißt – verhält – nur halb auftritt, und sich auf diese Art unmerkbar macht, so näherten sie sich dem hiesigen sogenannten Heustadel (heute Nähe der Klosterapotheke), stellten sich in Ordnung, und waren in finsterer Nachtstille zum Angriff bereit.

Die Donau, von ihren Feinden jenseits und diesseits bewacht und durch Wachfeuer beleuchtet, schlängelte sich ruhig in ihrem Bette fort.

– Allein, es schlug im Kloster 11 Uhr. Gleich, als wäre dieser Schlag das Signal zum Angriffe, stürzten die Franzosen auf die Feinde los, bemächtigten sich des ersten zwischen dem Fischerhaus (heute Gugelfuß und Seitz), dem Bildstöckle und dem Heustadel gegenüberstehenden Vorposten, streckten diesen sogleich zur Erde nieder, eilten vorwärts und entschieden der übrigen Los durch Tod, Verwundung oder Gefangenschaft.

Welch ein Anblick! Einer nächtlichen Vision ähnlich! Sie rückten nun vorwärts – der Brücke zu; ein gräßliches Musqueten-Feuer, unter welches sich der brüllende Kanonendonner mischte, zwang die höllenschwarze Nacht zum immerwährenden Aufblicken. Österreichischerseits wurden die Feinde mit einer solchen Entschlossenheit empfangen, die beinahe in eine Wut ausartete. Das beständige Kartätschen- und Musquetenfeuer, welches auf die am jenseitigen Ufer postierten Feinde gerichtet war, gab darüber Zeugnis. Die Ungewißheit über die Stärke des Feindes und die sehr schwache Hoffnung eines Sukkurs (Verstärkung), zwangen lediglich die Österreicher, sich über die Brücke, die sie hinter sich anzündeten, zurückzuziehen.

Frühmorgens mit Schlag 6 wurde das Kanonen- und kleine Gewehrfeuer wieder – und zwar äußerst lebhaft – fortgesetzt, jedoch ohne sichtbaren Erfolg.

In dieser so schauervollen Nacht wurden die hiesigen Einwohner auf die Schrecknisse zukünftiger Tage gleichsam vorbereitet. Das Mordfeuer dauerte zwar im Ganzen keine drei volle Stunden; allein, wenn man von der schwindelnden Höhe des Berges hinab in der schwärzesten Nacht den Blitz und den Knall der Kanonen, Musqueten und Pistolen sah und hörte, dann die hell auflodernde Flamme der brennenden Brücke gewahrte, so schien es, die Hölle habe sich aus ihrem Abgrund geöffnet. In eben dieser Nacht ereignete sich noch ein höchst trauriger Vorfall. Unser hochw. und liebster Mitbruder, Herr T. Amand Hummel, wollte die Uhr auf dem Kirchturm richten, verfehlte im Heruntersteigen die Treppe, fiel herunter und blieb – indem er ›O Jesu‹ schrie – auf der Stelle tot liegen. Öffent-

liche Tränen, die bei seiner Beerdigung flossen, heimliche, die man bemerkte, und die allgemeine, bei solch einer Zeit nie zu erwartende Teilnahme an seinem Verlust – sind sprechende Beweise von der allgemeinen Liebe, die er sich bei dem sonst so kritischen Elchingen erwarb, und der Erfurcht, die man seiner priesterlichen Aufführung pflichtgemäß schuldig war.«

Aus militärischer Sicht gesehen hatte sich folgendes ereignet: Entsprechend den Befehlen des Kaisers vom 8. Oktober ordnete Marschall Ney an, daß die zweite Division unter General Loison von Burgau nach Langenau und Oberelchingen vorzurücken hat. Loison verließ am Vormittag des 9. Oktobers Burgau und traf mittags in Langenau ein. Nachdem er wußte, daß die erste Divison unter General Dupont bei Albeck stand, ließ er zu deren und seiner eigenen Rückendeckung seine zweite Brigade unter General Roguet in Langenau zurück. Mit der ersten Brigade Vilatte, zu der das 6. leichte Linienregiment und das 39. Infanterieregiment sowie das 3. Husarenregiment gehörten, marschierte er nach kurzer Rast in Richtung Oberelchingen weiter. Diese Soldaten erhielten den Auftrag, den Vorposten in Oberelchingen zu überfallen und die Donaubrücke zu besetzen.

Nachdem eine starke österreichische Brückenbesatzung mit Artillerie gemeldet war, erhielt das 6. Regiment den Befehl, zwei Kanonen mitzunehmen.

Als nach Einbruch der Dunkelheit Unterelchingen erreicht war, teilte General Loison seine Truppen auf. Das 39. Linienregiment marschierte die Klosterstraße in Richtung Oberelchingen hinauf und blieb als Reserve an der Wolfgangskapelle stehen. Eine Beobachtungseinheit klärte gegen Oberelchingen auf.

Das 6. Regiment und die 3. Husaren marschierten bzw. ritten durch Unterelchingen, durch das »Eichele« in Richtung Fischerhaus. Als sie das Fischerhaus erreicht hatten, eröffneten die Österreicher mit Gewehren und Artillerie das Feuer. Die Donaubrücke war mit einem Bataillon österreichischer Infanterie und einer Kanone besetzt.

Sofort gingen die 3. Husaren zur Attacke über. Die vorgeschobenen Posten wurden von den zahlenmäßig weit überlegenen Franzosen überrannt und niedergemacht. Die in der Zwischenzeit im Donaugehölz in Stellung gegangene Infanterie leistete den Franzosen erbitterten Widerstand, die daraufhin ihre zwei Geschütze in Stellung brachten und ein Kartätschfeuer eröffneten. Als die 3. Husaren bis zur Brücke vordringen konnten, sahen sie, daß die Österreicher die Hälfte der Holzbohlen von der Brücke abgetragen hatten.

Inzwischen war auch das 6. leichte Linienregiment nachgerückt. Die Karabiniers und Voltigeure gingen sofort zum Angriff über, erbeuteten die auf dem linken Ufer stehende Kanone, machten viele Gefangene und verfolgten die fliehenden Österreicher.

Trotz des Infanteriefeuers vom rechten Ufer liefen die Franzosen auf den Längsbalken über die Brücke. Die fliehenden Österreicher versuchten, auf der noch vorhandenen südlichen Holzbrückenhälfte ein Holzfeuer zu entfachen, was aber nach kurzer Zeit von den Verfolgern gelöscht bzw. in die Donau geworfen werden konnte.

Die Österreicher zogen sich in Richtung Leibi zurück. Nach kurzer Zeit der Verfolgung erhielten die Österreicher aus Richtung Leibi – Nersingen Verstärkung und drängten die Franzosen auf das linke Ufer zurück. Nachdem die Geschütze in Stellung waren und ein Brückenkopf zur Sicherung gebildet war, zogen sich die restlichen französischen Soldaten hungrig, müde und abgekämpft im Morgengrauen nach Oberelchingen zurück. General Loison quartierte sich in der Landgerichtswohnung ein, und ein Colonel sowie zwei Captains im Rentamtshause. Die übrige Mannschaft einschließlich dem 39. Linienregiment wurde in den Häusern im Ort untergebracht; ein Teil mußte trotz des naßkalten und regnerischen Wetters hinter der Klostermauer biwakieren. Die Oberelchinger Bauern mußten dazu, auch gegen ihren Willen, Heu und

Donaubrücke mit Blick auf Oberelchingen im Jahr 1950.

1805 gab es in diesem Uferbereich mehrere Altwasserarme und hauptsächlich Sträucher.

Gefecht bei Haslach – Jungingen am 11. Oktober 1805

Stroh sowie zum Teil unausgedroschene Getreide-Garben aus ihren Scheunen holen.

Die Franzosen, so gut wie keine Verpflegung mit sich führend, nahmen den Bauern Vieh ab und schlachteten es. Als die Einwohner auch noch Pferde vorführen mußten und die besten davon beschlagnahmt wurden, hatten die Franzosen ihre letzten Sympathien verscherzt. (Ausgerechnet diese Soldaten bildeten am 14. Oktober die Angriffsspitze der Division gegen FML v. Riesch.)

Zu diesem Zeitpunkt hatten Kaiser Napoleon und Marschall Ney noch nicht erkannt, daß die Österreicher mit ihrer Hauptmacht in dem wenige Kilometer entfernten Ulm standen. Sie vermuteten den Feind noch im Raum Mindelheim – Augsburg. So ist es auch zu erklären, daß Marschall Ney die in Oberelchingen und Langenau stationierte 2. Division Loison am 11. Oktober nach Straß-Kadeltshofen abzog und die in Albeck stehende 1. Division Dupont ohne Verbindung zu seinen anderen Divisionen allein ließ.

Bis zum 10. Oktober vormittags wußte Napoleon immer noch nicht, wo Mack mit seiner Armee steht. Er wußte nur, daß sie westlich des Lechs sein mußte und vermutete sie im Raum Mindelheim – Buchloe.

Außerdem wußte er, daß von Ulm nach Norden keine österreichische Truppenbewegung stattgefunden hat. Nur langsam lüftet sich der Schleier der Unklarheit.

Ney hat unmittelbar nach dem Gefecht – noch in der Nacht zum 10. Oktober – eine Meldung über die Kämpfe bei Günzburg und von der Elchinger Donaubrücke an den Kaiser gesandt. Er meldete:

»Der Feind ist bei Ulm viel stärker als man gedacht hat, er hat bei Günzburg eine Verstärkung von 15 000 Mann erhalten, die von Schaffhausen kam; es scheint, daß Ulm den linken Flügel der feindlichen Schlachtlinie (gegen Osten) bilden wird.«

Eine zweite Meldung, die Marschall Ney am 11. Oktober hinterher sandte und die Napoleon noch am gleichen Tag in Augsburg erreichte, hatte folgenden Wortlaut:

»Die Österreicher hatten wenigstens 30 000 Mann bei Günzburg, geführt vom Erzherzog Ferdinand. Mack war ebenfalls dort und 14 Generäle.
Nach Aussage des Generals d'Aspre hatten die Österreicher einen großen Schlag gegen mein Korps vor, aber der Angriff auf Günzburg hat alles vereitelt. Der Rückzug der Österreicher vollzieht sich auf Biberach.«

Nach den Eintragungen in das Kriegstagebuch war das VI. Korps am 10. Oktober in folgenden Positionen: Marschall Ney befand sich mit seinem Hauptquartier und der 3. Division Malher auf dem rechten Donauufer in Günzburg, davon war ein Regiment in Leipheim.

Die 2. Division Loison stand auf dem linken Donauufer mit der 1. Brigade Vilatte und den 3. Husaren in Oberelchingen. General Roguet war mit der 2. Brigade in Langenau. In

Der französische General Dupont kämpfte mit seinen 6400 Mann am 11. Oktober 1805 gegen ca. 22 000 österreichische Soldaten. Beim Einbruch der Dunkelheit zog er sich mit seiner erschöpften Division zurück.

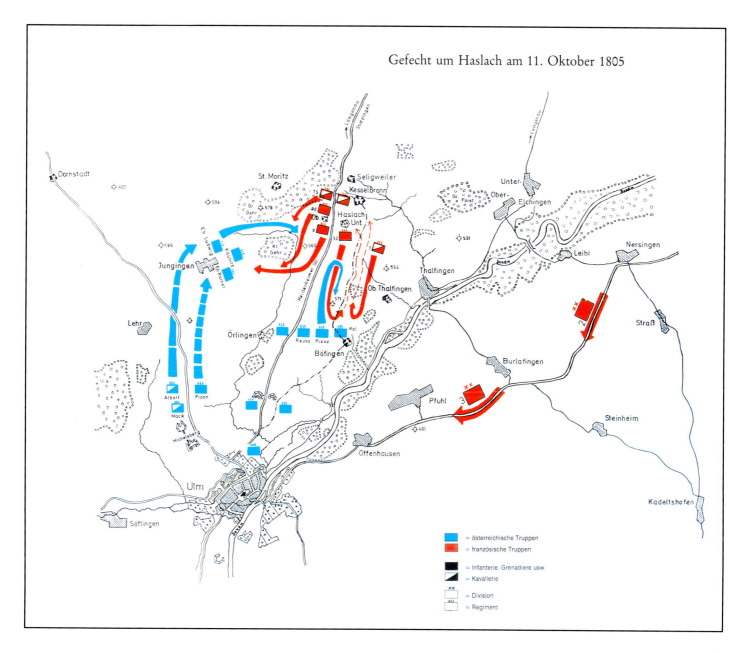

Gefecht um Haslach am 11. Oktober 1805

Albeck (neun Kilometer nordwestlich von Ulm) befand sich General Dupont mit der 1. Division. Diese setzte sich an diesem Tag folgendermaßen zusammen: 9. leichtes Linieninfanterieregiment, dem 32. und 96. Linieninfanterieregiment, zusammen sechs Bataillone und 5150 Mann, und aus dem 1. Husaren, dem 15. und 17. Dragonerregiment, zusammen 1050 Reiter. Die Division hatte 14 Geschütze, welche von 250 Artilleristen bedient wurden.

Hinter der 1. Division, ca. 15–25 Kilometer von Albeck entfernt, in Stetten, Stotzingen, Brenz, Sontheim und Mödlingen war General Baron Baraguay d'Hilliers mit einer 5000 Mann starken Division Dragoner zu Fuß im Quartier.

Die Kommunikation vom Hauptquartier Ney lief über die Donaubrücken von Günzburg durch das sumpfige Donaumoos an die Truppe.

Nach den siegreichen Gefechten am 8. Oktober in Wertingen und am 9. Oktober in Günzburg, bei welchen sich die geschlagenen Österreicher nur noch durch die Flucht retten konnten, war Marschall Ney am 10. Oktober der Ansicht, daß sich die Österreicher nach Ulm, Biberach und den Bodensee in Richtung Tirol zurückziehen würden. Dies geht deutlich aus einem Befehl an General Dupont hervor, den er an diesem Tag geschrieben hat und in dem es heißt:

»*Der Feind ist von einem beispiellosen Schrecken befallen; er zieht sich über Biberach zurück, um sich nach dem oberen Tirol zu retten, da ihm alle Rückzugslinien auf Kempten und Füssen abgeschnitten sind; es ist daher wahrscheinlich, daß Erzherzog Ferdinand nur eine schwache Besetzung in Ulm läßt mit dem Befehl, bis zum Äußersten standzuhalten; aber unsere Vorbereitungen und Drohungen werden ohne Zweifel den Kommandanten zwingen, sich zu ergeben, ohne daß er die Gefahren eines Kampfes wagt.*«

Abends um 18 Uhr erging an Ney folgender Befehl:

»*Es bleibt anzustreben, Ulm in Besitz zu nehmen, was unter allen Gesichtspunkten wichtig ist. Seine Majestät läßt Ihnen freie Hand, wie Sie zu diesem Ziel gelangen, um Ulm im Laufe des morgigen Tages (11. Oktober) einzuschließen. Die Dragoner zu Fuß werden Ihnen weiterhin unterstellt sein ...*«

Nach der Wegnahme von Ulm sollte Ney keine weiteren Befehle erwarten, er solle dem Feind auf Memmingen oder wohin dieser sonst marschiere, folgen. Mindelheim werde von Lannes, Landsberg von Soult besetzt werden. Man werde, wenn nötig, auf Kempten oder selbst auf Füssen marschieren. Der Befehl schließt:

»*Da Seine Majestät sich nach München begeben wird, wo unsere Truppen diesen Abend eintreffen, um dort die Russen zu erwarten, die demnächst ankommen werden, überträgt er das Kommando über den ganzen rechten Armeeflügel, bestehend aus dem Korps Lannes, dem Ihrigen und der Reservekavallerie, dem Prinzen Murat.*«

Diese Unterstellung von Ney und Lannes unter Murats Oberbefehl löste eine große Unzufriedenheit aus. Beide fühlten sich mit Murat gleichgestellt und reicher an Erfahrung. Doch es sollte ganz anders kommen. Das Hauptquartier wurde in Richtung Ulm verlegt und Napoleon behielt das Kommando selbst.

Ney befahl am Abend des 10. Oktobers, daß General Dupont mit der kavallerieverstärkten 1. Division Ulm auf dem linken Donauufer einzuschließen habe. General Baraguay d'Hilliers mit seinen Dragonern zu Fuß hatten von Stotzingen nach Albeck zu marschieren und Dupont zu unterstützen.

Dupont wurde von Ney angewiesen, die bewaldeten Höhen hinter dem Haslacher Hof zu besetzen, seinen rechten Flügel bis an die Blau auszudehnen und die Aufstellung seiner Reserve – der Dragoner zu Fuß – mit deren Kommandanten zu regeln. Dupont sollte es vermeiden, seine Division gegen überlegene Kräfte auszuspielen. Am 11. Oktober folgte ein

Übersetzung:
Hauptquartier in Günzburg den 11. Oktober 1805
Der Marschall des Kaisers Ney; Chefkommandant des VI. Armeekorps
Befehl Nr. 2: An General Baraguay d'Hilliers, General der Dragoner
Ich übersende Ihnen mein verehrter General den Marschbefehl für den 11. Oktober 1805. Nahe von Albeck werden Sie General Dupont treffen und sich niederlassen. Er wird nahe der Frontlinie sein. Beide Divisionen werden eine Blockadelinie (nördlich der Stadt Ulm) einnehmen.
Mit freundlichem Gruß Ney

weiteres Schreiben von Ney, daß sich Dupont Wagenleitern, Bretter und Balken verschaffen solle, um – wenn nötig – zum gewaltsamen Angriff auf Ulm vorgehen zu können.

General Malher erhielt Befehl, mit der 3. Division am 11. Oktober um 8 Uhr auf dem rechten Donauufer über Nersingen, Burlafingen und Pfuhl gegen Ulm vorzurücken. Dahinter hatte sich die in Elchingen und Langenau befindliche 2. Division Loison anzuschließen.

Die Marschall Ney unterstellte Dragonerdivision unter Befehl von General Bourcier befand sich in Bubesheim, südwestlich von Leipheim. Nach Neys Befehlen sollte Ulm am Nachmittag des 11. Oktober rechts und links der Donau, mit je zwei Divisionen etwa zur gleichen Zeit angegriffen werden. Doch es sollte nicht so weit kommen. Während Ney und Murat auf der Beerdigung von Oberst Lacuée in Günzburg waren, eröffnete Dupont das Gefecht bei Haslach. Baraguay d'Hilliers kam mit den Dragonern zu Fuß acht Stunden zu spät in Haslach an; Malher und Loison mußten südöstlich vor Ulm erkennen, daß die österreichische Hauptmacht in Ulm war und ihre beiden Divisionen für einen erfolgreichen Angriff zu schwach waren. Leider konnte diese Erkenntnis Dupont nicht mehr rechtzeitig mitgeteilt werden. So kam es, daß Dupont allein kämpfte und die 2. und 3. Division im Raum Leipheim, Nersingen, Weißenhorn und Burlafingen in die Quartiere ging.

Am Morgen des 11. Oktobers empfing Mack Oberst Bianchi – den Generaladjutant des Erzherzogs Ferdinand – und FML Gyulai. Er beteuerte ihnen, daß ihn nichts mehr von dem Plan abbringen könne, in Ulm zu bleiben. Oberst Bianchi, der kurz vor diesem Besuch die Verschanzungen und Aufstellung der Truppen besichtigt hatte, erwiderte, daß dann die Armee vor allem eine geordnete Stellung beziehen müsse. Mack wollte gar nicht glauben, daß man ihn in Ulm angreifen werde. Er sagte:

»Es regnet, es schneit, der Feind steckt ruhig in seinen Wohnungen und wir werden ähnliches tun. Wir werden in Ulm bleiben, wo wir wie in Abrahams Schoß sind ...«

Mack begnügte sich damit, Dispositionen und Befehle zu schreiben, die er täglich z. T. mehrmals änderte. Nachdem er auch noch alle Verbände zerrissen hatte, wußte kein General mehr genau, wo er eigentlich zu befehlen hatte.

Die Angriffsbefehle auf Ulm für Dupont in Albeck und Baraguay d'Hilliers in Stotzingen übergab Ney in der Nacht zum 11. Oktober seinem Generalstabsoffizier Rippert. Dieser Offizier sollte diese schnellstens von Günzburg nach Stotzingen (11 km) und dann nach Albeck (26 km) bringen.

Der ortsunkundige Rippert verirrte sich in der mit Regen und Schnee durchsetzten Nacht in dem sumpfigen Donaumoos – nachdem ihm ein ortskundiger Bauer ausgerissen war – und erreichte zwischen 9 und 10 Uhr als ersten Dupont in Albeck. Baraguay erhielt – nach seinen Angaben – den Befehl in Stotzingen erst gegen 13 Uhr.

Nachdem die Dragoner zu Fuß sehr weit auseinandergezogen im Quartier waren, konnte der Abmarsch erst gegen 15 Uhr erfolgen. Die erste Brigade sammelte sich in Stetten und marschierte über Nerenstetten nach Albeck und die zweite Brigade von Stotzingen über Langenau.

Auf den durch Regen und Schnee verschlammten Wegen hatten die Brigaden einen sehr beschwerlichen Marsch und erreichten erst am späten Abend gegen 21 Uhr Albeck. General Dupont war mit seiner 6400 Mann starken 1. Division am 11. Oktober um 11 Uhr von Albeck nach Ulm aufgebrochen. Bereits nach einer Wegstrecke von fünf Kilometern stieß er bei Unter- und Oberhaslach auf die feindlichen Vorposten, die er zurückdrängte. Von hier aus sandte er an den Kommandanten von Ulm die schriftliche Aufforderung, die (angeblich) eingeschlossene Festung zu übergeben, welche von Mack unbeantwortet blieb.

Nachdem Unter- und Oberhaslach bereits auf dem hügeligen Ulmer Höhenplateau liegen, konnte General Dupont beachtliche, überlegene österreichische Streitkräfte übersehen, die rechts und links der Heidenheimer Straße von Jungingen, Örlingen und Böfingen in Stellung waren. Obwohl ihm Marschall Ney wiederholt befohlen hatte, nur mit der Division Baraguay, »Dragoner zu Fuß« vereint anzugreifen und sich nicht auf einen Kampf mit überlegenen Streitkräften einzulassen, entschloß er sich trotzdem zum Kampf. Er befürchtete, daß ein Rückzug seine Schwäche enthüllen würde. Deshalb ließ er seine Truppen in Gefechtsformation aufstellen. In der Hoffnung, schnell Verstärkung zu bekommen, sandte er mehrere Adjutanten in Richtung Stotzingen zu General Baraguay d'Hilliers. Er wollte die Vorhut einer französischen Hauptmacht vortäuschen.

Dieser Ungehorsam hätte Dupont leicht ins Verderben führen können, nur die Unentschlossenheit der Österreicher rettete ihn davor.

Südlich von Oberhaslach entfaltete sich das leichte 9. Infanterie-Regiment unter General Rauyer. Nördlich von Oberhaslach standen die Sechsundneunziger. Die beiden Dragoner-Regimenter bildeten die Reserve und befanden sich in einer Mulde zwischen dem Waldstück »Große Gehr« und dem kleinen Ort Kesselbronn.

Der Ort Jungingen, welcher ca. zwei Kilometer westlich von Haslach liegt – und von dort gesehen werden kann –, bildete zu Beginn des Gefechtes das Zentrum der österreichischen Verbände. Östlich von Jungingen waren die Infanterie-Regimenter Erzherzog Reiner und Kaunitz aufmarschiert.

Zwischen Haslach und Jungingen befindet sich ein kleiner Wald (ca. fünf Hektar), der die Bezeichnung »Kleiner Gehr« führt; ca. einen Kilometer nördlich davon begrenzt die Äcker und Wiesen zwischen beiden Orten ein großer Wald, der »Großer Gehr« genannt wird.

Südlich am »Kleinen Gehr« vorbei, richtete das 9. Regiment seinen ersten Angriff auf den besetzten Ort Jungingen. Vom linken Flügel der Österreicher gingen mehrere Einheiten Infanterie mit Kavallerie-Unterstützung vor, welche versuchten, die Neuner zu umgehen.

Dupont erkannte dieses Vorhaben und ließ zunächst das 96. Regiment, unterstützt von einem Teil der Artillerie, rechts

Bei dem Gefecht um Haslach, wirft sich Albert Prinz zu Hohenlohe und Waldenburg Schillingsfürst, k. k. Rittmeister von Latour-Chevauxlegers, mit seiner Eskadron auf das französische 15. Dragoner-Regiment. Er erbeutet eine Standarte und erhält in diesem Gefecht einen Flintenschuß in die rechte Hüfte, in deren Folgen er in Ulm drei Tage später starb.

dem 9. Regiment vorgehen, so daß ihr rechter Flügel an den »Kleinen Gehr« grenzte.

Um den Österreichern keine Zeit zur Entfaltung ihrer Übermacht zu lassen, stürmte Oberst Meunier mit den Neunern gegen Jungingen vor und griff den Feind im Nahkampf, hauptsächlich mit Bajonetten, an. Die Österreicher wurden auf Jungingen zurückgeworfen, verfolgt von den Franzosen, die in das Dorf eindrangen und es besetzten. Dabei kamen 2000 Österreicher in Gefangenschaft.

Der Ort Jungingen – und hier ganz besonders der Ortskern mit der Kirche – wechselte im Laufe des Kampfes fünfmal den Besitzer. Trotz zahlenmäßiger österreichischer Überlegenheit erzielten die gut ausgebildeten tapferen Franzosen immer wieder beachtliche Erfolge.

Da die Sechsundneunziger, um die Bewegung der Neuner zu decken, ebenfalls vorgehen mußten, sah sich Dupont gezwungen – damit er nicht in seiner rechten Flanke umfaßt werden konnte –, ein Bataillon der Zweiunddreißiger vom linken Flügel an den südlichen Rand des »Großen Gehr« zu verlegen. Am französischen rechten Flügel (vom »Großen Gehr« bis Jungingen) entwickelten die Österreicher immer neue Kolonnen. Deshalb mußten auch die in Reserve stehenden Dragoner eingreifen. General Sahuc stellte das 15. Regiment in die erste Linie und das 17. dahinter. Die Fünfzehner konnten die Latour-Chevauxlegers mit viel Mühe noch halten, bevor sie das 96. Infanterie-Regiment anritten.

Als FML Schwarzenberg von Ulm her die Kürassier-Regimenter Mack und Albert ins Gefecht führte, vermochten die Fünfzehner den Ansturm nicht mehr allein überwinden. Auch das 17. Dragoner-Regiment, welches zu Hilfe eilte, mußte bis an den »Großen Gehr« zurückgehen, wo die beiden Regimenter sich sammelten und von neuem angriffen. Da jedoch die Österreicher inzwischen ihre rechte Flanke umgangen hatten und ihren Rücken bedrohten, galoppierten die Dragoner nach dem »Kleinen Gehr« zurück, in das Österreicher und Franzosen in wildem Durcheinander eindrangen. Oberst Saint-Dezier vom 17. Dragoner-Regiment, der umzingelt worden war, fiel dabei nach verzweifelter Gegenwehr.

Oberst Sahuc, der die beiden Regimenter wieder sammelte, konnte seine Stellung vor Jungingen behaupten und die Infanterie wirksam unterstützen.

Jungingen selber konnten die Österreicher erst dann wieder in Besitz nehmen, als sie ein zusätzliches Regiment Froon-Grenadiere ins Gefecht brachten.

Erst gegen 21 Uhr kehrten die letzten auf dem rechten Flügel kämpfenden Franzosen auf Befehl Duponts nach Albeck zurück.

Nicht so erfolgreich war der französische linke Flügel, welcher von Unterhaslach östlich der Heidenheimer Straße gegen Böfingen operierte. Der Ort Böfingen liegt ca. drei Kilometer nordöstlich von Ulm. Oberst Darricau mit dem 32. Infanterie-Regiment und Oberst Rouvillois mit dem 1. Husaren-Regiment stellten sich dem angreifenden österreichischen Infanterie-Regiment Riese entgegen. Dies wurde geworfen und die Franzosen setzten ihre Verfolgung bis kurz vor Böfingen fort. Dort stellten die Österreicher den Angreifern die beiden Infanterie-Regimenter Kolowrat und Reuß-Plauen entgegen. Erst nach langem und hartem Kampf gelang es der großen österreichischen Übermacht, den französischen linken Flügel bis Unterhaslach-Kesselbronn zurückzudrängen und zwei Kanonen zu erobern. Die 1. Husaren kamen dabei in schwere Bedrängnis. Infolge der immer wieder erneuten Angriffe in Front und Flanke mußten die Franzosen weichen. Der Rückzug wurde zur regellosen Flucht.

Dabei stieß die aus Ulm herbei geholte österreichische Kavallerie hinter Albeck auf den Train der Division Dupont und plünderte ihn. (In dem Wagenpark war auch der Stabspackwagen des Generals, in welchem sich u. a. auch sein Ehrensäbel und Stern der Ehrenlegion befand. Diese persönlichen Gegenstände von Dupont sandte Mack am nächsten Tag dem General nach Brenz.)

Um diese Zeit – es mochte nach 17.30 Uhr gewesen sein –

traf General Baraguay d'Hilliers mit seinem Stabe und 60 Kavalleristen bei Albeck ein. Als er die Unordnung sah, ließ er sofort die teilweise zerstreute französische Kavallerie sammeln und die plündernden, ungeordneten österreichischen Reiter vertreiben. Da seine Kolonnen noch weit rückwärts waren, konnte er den bei Haslach kämpfenden Truppen keine Hilfe bringen.

Bis zum Einbruch der Dunkelheit (ca. 19 Uhr) hielt sich Dupont bei Haslach, dann zog er seine erschöpften Truppen, die schwer gelitten hatten, nach Albeck und Brenz zurück. Er konnte für sich in Anspruch nehmen, daß er Haslach erst nach Erlöschen des Kampfes freiwillig verlassen hat.

Der mit viel Tapferkeit errungene Beinahe-Sieg wandelte sich aber in eine Niederlage, als Dupont den strategisch wichtigen Ort Albeck räumte und die Verbindungsstraße Ulm-Heidenheim–Nürnberg den Österreichern überließ.

Auf dem Rückzug verlor die Division alle Zwölf- und Achtpfünderkanonen. Teilweise fielen sie durch feindliches Feuer und durch Umstürzen in dem hügeligen Gelände sowie beim Übersetzen von Gräben aus. General Dupont mit seinen 6400 Soldaten kämpfte an diesem Tag gegen ca. 23 000 österreichische Soldaten; eine fast vierfache Übermacht.

Die Verluste waren auf beiden Seiten hoch: Die Franzosen beklagten 1500 Tote, 900 Gefangene, 23 Artilleriewagen, neun Kanonen und zwei Fahnen. Die österreichischen Verluste sind zwar nicht bekannt, dürften aber – abgesehen von der Ausrüstung – auch nicht geringer gewesen sein. Allein am 12. Oktober wurden mehr als 1100 verwundete Österreicher nach Ulm eingeliefert.

Das Gefecht bei Haslach war im »Feldzug um Ulm« der einzige, wenn auch fragliche Sieg der 1. österreichischen Armee. General Dupont war über das schwere Gefecht sehr deprimiert. Erst am 13. Oktober – nachdem Berthier einen Stabsoffizier zu ihm schickte – erfuhr Napoleon den genauen Sachverhalt und weitere Einzelheiten über die in Ulm stehende österreichische Armee.

Am 11. Oktober 1805 nachmittags war – mit unbedeutenden Ausnahmen – die gesamte »Grande Armee« in Bayern, südlich der Donau. Die französischen Korps marschierten auf München zu und in Richtung Mindelheim–Buchloe. Für einen Rückzug der österreichischen Armee stand das Tor nach Österreich nördlich der Donau weit auf. An diesem Tag verpaßte Mack die beste und letzte Chance, seine Armee zu retten. So wie Napoleon mit seiner Armee die Österreicher umgangen hatte, so hätte Mack an diesem Tag mit seiner Armee die Franzosen umgehen können. Verbündet mit den Russen hätte er in der Schlacht bei Austerlitz (2. Dezember 1805) eine entscheidende Verstärkung bedeuten können.
NS.
Die 1. Division Dupont wirkte bei der Verfolgung vom Korps Werneck mit, kam in Elchingen und Ulm aber nicht mehr zum Einsatz.

Sie wurde vorübergehend vom VI. Korps Ney getrennt und marschierte entlang der Donau über Dürnstein nach Austerlitz. In Dürnstein a. d. Donau hatte diese Division ein schweres Gefecht mit einer russischen Vorhut.

Vorbereitungen zur Schlacht bei Elchingen am 12. und 13. Oktober 1805

Was am 11. Oktober morgens noch Vermutungen waren, verdichtete sich im Laufe des Tages – im kaiserlichen Hauptquartier – zur Gewißheit: Die seit Tagen gesuchte 1. österreichische Armee unter dem Kommando von FML Mack befand sich in der Festung Ulm.

Der 35jährige Napoleon, welcher für seine kühne und schnelle Entschlußkraft bekannt war und sich auf der Höhe seiner Feldherrenkunst befand, veranlaßte, daß mehrere seiner schlagkräftigen Korps – auf getrennten Wegen, teilweise über weite Räume hinweg – zum richtigen, befohlenen Zeitpunkt im Kampfgebiet eintrafen. Napoleons Ziel war es, seine Korps zu konzentrieren, daß sie in entscheidender Stunde ein kräftemäßiges Übergewicht über den Feind hatten. Er schätzte Macks Stärke auf 80 000 bis 90 000 Mann.

Im wesentlichen gab er am 12. und 13. Oktober folgende Befehle:

1. Marschall Ney mit dem VI. Korps (23 100 Mann) hatte die Höhe von Elchingen und Albeck in Besitz zu nehmen und Ulm von Norden her einzuschließen (was er am 11. Oktober schon einmal besetzt und in Unkenntnis der Gesamtlage aufgegeben hatte).
2. Marschall Lannes mit dem V. Korps (18 400 Mann) hatte Ney zu folgen und wenn nötig, ihn zu unterstützen.
3. Marschall Marmont mit dem II. Korps (22 100 Mann) hatte die Verbindung Ulm–Memmingen abzuschneiden. Sollten die Österreicher in Richtung Memmingen ausbrechen, so hatte er sie zu schlagen, dagegen wenn sie in Richtung Günzburg marschieren, nur an der Flanke zu begleiten. Bei Bedarf habe er Marschall Ney zu unterstützen.
4. Marschall Soult mit dem IV. Korps (39 300 Mann) hatte Ulm westlich einzuschließen und jeden Ausbruch in Richtung Ravensburg–Bodensee zu verhindern.
5. Marschall und Prinz Murat mit der Kavalleriereserve (32 900 Mann) hatte schnellstens den Raum Günzburg–Weißenhorn zu erreichen, die Leipheimer Donaubrücke instandzusetzen und, wenn erforderlich, nördlich der Donau zu operieren.

Diese Korps hatten bereits am 11. Oktober Befehl erhalten:
»... so nahe wie möglich nebeneinander zu marschieren, derart, daß sie in sechs Stunden vereinigt werden und den Feind erdrücken können.«

Der Marsch von Murat und Lannes wurde von Mindelheim auf Ulm umdirigiert.

Insgesamt marschierten etwa 135 000 Franzosen in Richtung Ulm. Trotz Regen und Schnee setzten sich die in guter Kondition befindlichen Korps in Marsch. General Mack, der die Franzosen vom Schwarzwald her erwartet hatte, sollte keine Möglichkeit mehr haben, eine neue Verteidigungslinie aufzubauen.

Napoleons Strategie hat ein österreichischer Offizier einmal folgendermaßen beschrieben:
»Dieser junge Kaiser verletzt jede (bisherige) Regel militärischer Operationen. Wir wissen nie, wo er steckt. Er kann ebensogut vor uns, wie in unserem Rücken oder auf unserer Flanke sein. Diese Art der Kriegsführung ist empörend.«

Einer der vorerwähnten Befehle Napoleons, der charakteristisch für die anderen steht, hatte folgenden Wortlaut:

Berthier an Marmont   Augsburg, den 12. Oktober 1805
Der Herr General Marmont wird sich sofort, nach Empfang gegenwärtiger Order, mit seiner ganzen Kavallerie, seinen beiden französischen Geschützen, mit seinen Cartouchen, seinen Ambulanzen nach Nattershausen begeben und zwar über Steppach, Gessertshausen, Ustersbach, Ziemertshausen, Tannhausen, Edenhausen und Krumbach. Der General Marmont wird neun Meilen zu machen haben.

200 seiner besten Kavalleriepferde sollen heute Abend zu Nattershausen ankommen und sich sofort mit den Posten des Prinzen Murat, der Weißenhorn besetzt hält, in Verbindung setzen.

Der Rest seiner Kavallerie wird heute abend so früh als möglich vorrücken, wenigstens auf die Mindel beim Dorfe Tannhausen, wo sich General Marmont persönlich einfinden wird. Gleichzeitig wird er 2000 Mann der Infanterie seiner Avantgarde hierher beordern.

Der Rest seiner beiden Infanteriedivisionen kann diesen Abend, die eine Division bei Ustersbach, 4 Meilen entfernt, und die andere bei Ziemetshausen, etwa 5½ Meilen weit entfernt, Nachtlager nehmen.

Morgen früh' um 6 Uhr wird sich das ganze Korps von General Marmont in Marsch setzen. Seine Kavallerie wird sich nach der Iller begeben, um die Straße von Weißenhorn nach Memmingen beim Dorfe Obenhausen abzuschneiden.

Der General Marmont wird sich mit seinem Armeekorps nach dem Dorfe Illerberg begeben; auf dessen Höhen er notwendigerweise morgen früh vor 11 Uhr Stellung nehmen muß; seine Kavallerie muß sich längs der Iller ausbreiten, und auf dem rechten Flügel mit dem Prinzen Murat, auf dem linken mit dem Marschall Soult communicieren. – Wenn der Weg für seine Artillerie zu schwierig ist, muß er sie auf der Chaussee, die von Oberhausen nach Weißenhorn führt (3 Meilen) befördern; von hier nach Illerberg sind 2 Meilen.

Das hauptsächlichste Ziel des Generals Marmont ist, sich auf der rechten Seite von Weißenhorn mit möglichst vielen Leuten, sobald als möglich, im Laufe des morgigen Tages, 13., einzufinden, da die Schlacht im Laufe des 14. stattfinden soll.

Nachdem der Marschall Marmont all seine Befehle gegeben hat, wird er selbst die des Kaisers in Pfaffenhofen einholen.«

Neben vielen Meldungen, die täglich im kaiserlichen Hauptquartier eintrafen, erfuhr Napoleon in diesen Tagen, daß sich russische Truppen in einer Stärke von 60 000 Mann unter General Kutosow in Richtung Süddeutschland in Marsch gesetzt haben. Nach den letzten französischen Berechnungen konnten sie frühestens am 19. Oktober im Ulmer Kampfgebiet eintreffen. Zur Sicherung seines Ulmer Feldzuges befahl Napoleon, das I. Korps Bernadotte (16 900 Mann) und das III. Korps Davoust (28 000 Mann) mit der verbündeten bayerischen Armee (ca. 23 000 Mann) in den Raum München–Passau.

Die Zeit drängte, Napoleon suchte um Ulm eine schnelle Entscheidung.

Er traf am 12. Oktober, von Augsburg kommend, in Wertingen ein. Hier wurden mehrere Soldaten für ihren tapferen Einsatz beim Gefecht um Wertingen ausgezeichnet. Napoleon übernachtete in Burgau. Am 13. Oktober in der Frühe reiste er wieder ab und erreichte am Nachmittag mit seinem Stabe und ca. 1000 Mann seiner Garde Weißenhorn und Pfaffenhofen (ca. 25 km südöstlich von Ulm), wo er in der damaligen Brauerei Mahler (heute »Äußere Taverne«) Quartier nahm.

Zur Motivation seiner Armee erließ er am 13. Oktober folgende Proklamation:

»Die feindliche Armee, betrogen durch unser Manöver und durch die Schnelligkeit unserer Bewegungen, ist völlig umgangen; sie schlägt sich nur noch zu ihrer Rettung. Sie würde gerne entwischen und in ihre Heimat zurückkehren; es ist dazu zu spät! Die kostspieligen Verschanzungen an der Iller, da sie uns aus dem Schwarzwald erwartete, wurde ihr unnütz, denn wir kommen durch die Ebene Bayerns.

Soldaten! Ohne diese Armee, die vor Euch steht, wären wir heute in London; wir hätten sechs schimpfvolle Jahrhunderte gerächt und den Meeren wieder die Freiheit geschenkt. Englands Bundesgenossen sind es, gegen die Ihr Euch morgen schlagen werdet: Wortbrüchigkeit habt Ihr zu rächen!

Soldaten! Der morgige Tag wird hundertmal berühmter sein als der von Marengo, die entfernteste Nachkommenschaft wird aufzeichnen, was jeder von Euch an diesem denkwürdigen Tag tut. Eure Enkel werden noch nach Jahrhunderten genau wissen, was Eure Korps morgen getan haben; Ihr werdet die Bewunderung der künftigen Generation sein.

Soldaten! Wollte ich nur den Feind besiegen, so hielte ich es für unnötig, Euren Mut und Eure Liebe zum Vaterland und zu mir anzurufen. Aber ihn nur besiegen, genügt nicht Eurer und Eures Kaisers Würde; Nicht ein Mann der feindlichen Armee darf entkommen; ihre treulose Regierung erfahre die Katastrophe nur durch Eure Ankunft unter den Mauern Wiens und ihr Gewissen sage ihr bei dieser traurigen Nachricht, daß sie Eidschwüre des Friedens und die Gelegenheit, Europas Bollwerk gegen die Kosaken zu sein, verraten habe.

Soldaten, die Ihr an den Gefechten von Wertingen und Günzburg beteiligt ward, ich bin mit Eurem Einsatz sehr zufrieden. Wenn alle sich so einsetzen, werde ich meinem Volke sagen können: Euer Kaiser und Eure Armee haben ihre Pflicht getan. Tut Ihr das Eure, und die 200 000 Wehrpflichtigen, die ich aufgerufen habe, werden unsere zweite Armee baldigst verstärken.   *Napoleon«*

Das V. Korps Lannes erhielt die Anweisung, am 14. Oktober um 10 Uhr die Höhen bei Pfuhl zu besetzen und sich bereit zu halten, im entscheidenden Augenblick über die Donau zu gehen.

An das IV. Korps Marschall Soult erging folgender Befehl:
»Ich verständige Sie, daß die feindliche Armee in Ulm steht. Es ist unbedingt nötig, daß Sie herankommen, den linken Flügel der Armee bilden und dem Feinde den Weg über Biberach sperren. Der Kaiser erwartet, daß Ihr Korps so bald als möglich in der Gegend von Ulm ist.«

In der Nacht zum 14. Oktober liefen bei Napoleon, der zwischenzeitlich im Pfarrhaus in Oberfahlheim Quartier bezogen hatte, Meldungen ein, daß starke österreichische Truppenkräfte auf dem linken Donau-Ufer bei Elchingen und Langenau gesehen worden seien. Er erteilte noch in der Nacht um 2 Uhr und um 4 Uhr früh an Marschall Ney über seinen Generalstabschef Berthier folgende gleichlautende Befehle:

»Der Kaiser will unbedingt die Höhen von Albeck wieder in Ihrem Besitz sehen. Er wird Sie unterstützen. Es wäre vorteilhaft, den Feind in einen Kampf außerhalb der Verschanzung von Ulm zu verwickeln.«

An das V. Korps unter Marschall Lannes erging zur gleichen Zeit die Benachrichtigung, daß Ney bei Tagesanbruch aufs linke Donau-Ufer übersetzen werde, um Albeck zu nehmen und, da dies zu einer ernsten Affäre führen könne, habe er auf den ersten Kanonenschuß zur Brücke von Elchingen zu marschieren, um jederzeit Ney unterstützen zu können. Wörtlich heißt es in dieser Nachricht:

»Ihre Truppen seien bereit, je nach Umständen zu unterstützen oder sich dem Schlachtfelde zu nähern. Wenn der Feind von dieser Seite (südliches Ufer) aus Ulm heraustritt, können wir ihm entgegenmarschieren und ihn über den Haufen werfen.

Wenn er dagegen nicht hier heraustritt und sich mit Marschall Ney einläßt, können wir ihn auf der gleichen Höhe begleiten, mit Ausnahme des Generals Marmont, der diesseits bleibt, auf das linke Ufer übergehen und alle Höhen um Ulm nehmen. Wenn der Feind Marschall Ney und gleichzeitig Gazan (bei Pfuhl) angreift, wird das zu Ereignissen führen, die uns sehr nützen werden.«

Wenn im französischen Hauptquartier eiserne Disziplin und Gehorsam herrschten – was von allen Marschällen akzeptiert wurde – war das um FML von Mack wesentlich anders.

Dieser 53jährige Feldherr mit seinen Generälen waren Repräsentanten einer teilweise überholten, alten Traditionen huldigenden, Kriegsführung. Dazu kam, daß er von einer verschuldeten, fast unbeweglichen Monarchie mit nicht ausreichenden Kompetenzen zur Vorsicht verpflichtet und mit unvollständiger Ausrüstung in den Krieg geschickt wurde.

Macks Verdienste, die er sich zweifellos einmal erworben hatte, gingen auf die österreichischen Türkenkriege (ca. 1780) zurück. Ganz im Gegensatz zu ihm, stand er in Ulm einer jungen Armee – aus der französischen Revolution hervorgegangen – mit grundlegend gewandelten politisch-gesellschaftlichen Verhältnissen gegenüber. Der wesentliche Abbau sozialer Schranken gab den Franzosen ein damals modernes, geistig bewegliches und fortschrittliches militärisches Führungssystem.

Napoleon und Mack kannten sich persönlich aus dem Italienfeldzug, außerdem sind sie sich 1799 in Paris begegnet.

Aus einem Schreiben, welches im Gepäck von General Dupont in Haslach gefunden wurde, entnahm Mack, daß Napoleon die Nachschubstraße für seine Armee von der Linie Stuttgart–Heidenheim auf die Straße von Ellwangen–Nördlingen verlegt. Er befahl FML Graf von Werneck, am 12. Oktober nachmittags mit seinem Korps aufzubrechen und über Geislingen–Stuttgart gegen die Nachschublinie vorzustoßen. Er sollte die feindliche Verbindungslinie unterbrechen und Schrecken verbreiten.

Mit dem Rest der Armee wollte Mack am 13. Oktober über Heidenheim nach Österreich abrücken.

Als Werneck den Befehl erhielt, behauptete er, daß sein Korps wegen Übermüdung und mangelnder Verpflegung nicht abmarschieren könne. Mack wurde dabei heftig und erklärte, daß er Werneck des Kommandos entheben und das Korps selbst nach Stuttgart führen werde.

Als Mack merkte, daß auch Erzherzog Ferdinand – dem Kaiser Franz zwei Tage vorher das Armeekommando entzogen hatte – auf der Seite Wernecks stand, änderte er seine Disposition.

Tatsache war, daß die Soldaten des Werneck'schen Korps die ganze Nacht und am Vormittag in den Quartieren waren und eine den damaligen Verhältnissen angepaßte Verpflegung hatten.

(Dieser Vorgang war charakteristisch für viele Vorgänge im österreichischen Hauptquartier. Mack stand oft – auch bei richtiger Entscheidung – einer desinteressierten, entschlußlosen Generalität gegenüber. Dies zeigte sich besonders, wenn auch noch Erzherzog Ferdinand ihm passiven Widerstand entgegensetzte.)

(Vor dem Kriegsgericht in Wien sagte FML von Mack später dazu folgendes aus:

»… Weil der Abmarsch (von Werneck) erst am folgenden Tage angetreten wurde, dies die Ursache war, daß nicht alle drei Korps schon am 13. Oktober aus Ulm abgezogen waren.«)

Am Abend des 12. Oktober traf von GM Mecsery die Meldung ein, daß sich bei Weißenhorn ca. 20 000 bis 30 000 feindliche Kavallerie (Murat) sammle und die Straße von Ulm nach Memmingen nicht mehr ohne Gefahr passierbar wäre. Außerdem wurde gemeldet, daß sich die Division Dupont von Albeck–Giengen bis Brenz zurückgezogen habe. Mack sah sich von seiner Verbindung mit Tirol abgeschnitten. Seine erste Überlegung war, die Franzosen bei Weißenhorn anzugreifen und sie in Richtung Günzburg zurückzudrängen.

Nachdem Mack seine Dispositionen innerhalb eines Tages dreimal geändert hatte, gab er am 13. Oktober um 2 Uhr folgende Befehle:

FML Jellachich solle am 13. Oktober mit seinem Korps von Ulm längs der Iller in Richtung Memmingen nach Tirol

marschieren und ab Oberkirchberg alle Brücken zerstören. Wenn erforderlich, soll er in Richtung Lindau seinen Rückzug nehmen. (Der größte Teil dieses Korps wurde am 13. und 14. Oktober in Memmingen vom IV. französischen Korps Soult eingeschlossen. Nach kurzer Beschießung der Stadt durch die Artillerie kapitulierte das Korps Jellachich unter dem Kommando von General Sprangen.)
FML Schwarzenberg und FML Klenau haben am 13. Oktober den Feind um Ulm herum aufzuklären, wobei Schwarzenberg den Brückenkopf Ulm angemessen besetzt halten und Klenau auf dem rechten Donauufer den Feind in Richtung Weißenhorn beunruhigen sollte.

An FML Werneck heißt es wörtlich:
»Es bleibt dabei, daß FML Werneck mit der Hälfte seines Korps nach Heidenheim abrückt; er muß auch die andere Hälfte seiner Truppe 2–3 Stunden später folgen lassen. Er soll heute noch Heidenheim erreichen und dort Posten fassen. Die rechte Flanke ist zu sichern, obwohl nur wenig vom Feinde auf dem linken Donau-Ufer sein soll.«
(Er wurde am 18. Oktober bei Neresheim und Nördlingen geschlagen und gefangengenommen.)

FML Riesch wurde befohlen, Werneck zu folgen. Kurz vor dem Abmarsch wurde dieser Befehl wie folgt geändert:
*»Die Reserveartillerie fährt unter Bedeckung von zwei Eskadronen und einem Bataillon des Korps Riesch gegen Mittag (des 13.) über Albeck nach Heidenheim, am 14. nach Nördlingen. Die Bagage der Armee folgt um 16 Uhr nach Albeck, wo sie nächtigt und am 14. über Heidenheim soweit als möglich gegen Nördlingen vorrückt.
FML Riesch gibt die Bedeckung an die Reserveartillerie und an die Bagage. Mit den übrigen Truppen aber zieht er selbst längs dem linken Donau-Ufer abwärts und dem FML Laudon nach, der heute alle Brücken von Elchingen bis Gundelfingen abbrechen läßt.
FML Riesch übernachtet zu Elchingen, schickt eine starke Detachement zur Brücke von Leipheim, dehnt morgen früh seine Infanterie längs der Donau bis Gundelfingen aus, um sich zu überzeugen, ob alle Brücken zerstört sind.
FML Laudon dagegen zieht morgen, den 14. in mehreren Abteilungen längs dem linken Donau-Ufer weiter abwärts und zerstört alle Brücken von Lauingen bis Donauwörth. FML Riesch nimmt am 14. sein Quartier in Gundelfingen, FML Laudon aber zu Höchstätt.
Das Hauptquartier (von Mack) wird morgen (den 14.) in Hausen (bei Herbrechtingen) sein.«*

Diesem Befehl war eine geheime »Anmerkung« beigefügt:
1. Die Armee wird das ganze Riesch'sche Korps stets auf obige Weise, nämlich in einer verlängerten Flankenposition längs der Donau zur Seite haben, sie selbst aber auf der nächsten zur Donau parallelen Chaussee, wie es die Umstände erfordern, schneller oder minder schnell ziehen.
2. Sollte der Feind in starker Anzahl auf dem linken Donau-Ufer, z. B. bei Donauwörth etabliert sein, so wird das Riesch'sche Korps zur Armee eingezogen; diese selbst nimmt alsdann ihre Direktion in weiterer Entfernung von der Donau und nähert sich durch die Oberpfalz gegen Böhmen.

Befehlsgemäß brach FML Laudon am 13. Oktober um 10 Uhr mit seiner Division auf, um von Ulm über Haslach, Kugelberg entlang dem »Großen Forst« zunächst nach Elchingen zu marschieren, um die Donaubrücke zu zerstören. Seine Division bestand aus folgenden Einheiten:

Oberst Prinz Coburg = Vorhut	BTL.	Eskadronen
Blankenstein-Husaren	–	2
EH. Ludwig-Infanterie	3	–
EH. Ludwig-Grenadiere	1	–

General Genegdegh = Treffen		
Riese – Infanterie	4	–
EH. Maximilian-Infanterie	4	Oberst Biber
Hohenzollern – Kürassiere	–	2
General Ulm = Reserve		
Froon – Grenadiere	1	–
Josef Colloredo – Grenadiere	1	–
Froon – Infanterie	2	–
Oberst Clary – Hohenz. Kürassiere	–	2

Gesamtstärke = 16 Btl. Infanterie
6 Esk. Kavallerie = 7000 Mann

Als FML Laudon nachmittags in Oberelchingen bei naßkaltem Regen- und Schneewetter anlangte, war es von einem Bataillon Franzosen, und zwar von Jäger zu Fuß (VI. Korps Ney und der 3. Division Malher, welche in Nersingen und Burlafingen stand), unter General Marcognet besetzt.

Nachdem die Franzosen die österreichischen Soldaten erkannt hatten, eröffneten sie sofort das Feuer. Ein Rittmeister und ein Hohenzollern-Kürassier, die ihren zwei Eskadronen voran ritten, waren auf der Straße von Oberelchingen nach Göttingen die ersten Opfer. Die Franzosen, welche hinter der Klostermauer Deckung fanden, konnten zwar den ersten österreichischen Ansturm aufhalten, mußten aber sehr schnell der Übermacht weichen. Abgesehen von einigen Häuserkämpfen versuchten sie ihr Heil in der Flucht, um schnell wieder durch den Ort und über das Donautal den ca. 1,3 km entfernten Donauwald und die Donaubrücke zu erreichen. Die Kürassiere hetzten sie bis über die Donaubrücke. Als die Österreicher an der Donaubrücke angelangten, begannen sie einen Teil des Holzbalkenbelages zu entfernen und die Tragbalken (aus unerklärlichen Gründen) von oben her anzusägen. (Nachdem diese nur in der oberen Hälfte angesägt waren, blieb ihre Tragfähigkeit fast völlig erhalten, was am nächsten Tag böse Folgen für die in Elchingen stehenden Österreicher hatte.)

Unerwartet bald kehrten die Franzosen zurück und eröffneten vom rechten Ufer aus auf die Österreicher das Feuer. Daraufhin zogen sich diese in das Gebüsch des Donauwaldes zurück und die Franzosen begannen auf ihrer Seite einige Belagbalken zu lösen und in die Donau zu werfen.

Mit diesen Ereignissen endete an der 60 m langen Donaubrücke der 13. Oktober 1805. FML Graf v. Riesch war am 13. Oktober 1805 um 14 Uhr mit nachstehenden Truppen von Ulm über Thalfingen entlang der Donau nach Oberelchingen abmarschiert:

	BTL.	Eskadronen
General Mescery = Vorhut		
Erbach – Infanterie	3	–
Erbach – Grenadiere	1	–
Franz-Mailand-Kürassiere	–	2
General Auersperg = Treffen		
EH Karl – Infanterie	4	–
Auersperg – Infanterie	4	–
Franz-Mailand-Kürassiere	–	1½
General Herrmann = Reserve		
Auersperg – Grenadiere	1	–
EH Karl – Grenadiere	1	–
Froon – Infanterie	2	–
Franz-Mailand-Kürassiere	–	2

Gesamtstärke = 16 Bataillone Infanterie
5½ Eskadronen Kav. = 8000 Mann

Der aus einem alten Züricher Patriziergeschlecht stammende und am 2. August 1750 in Wien geborene Johann Sigmund Graf von Riesch berichtete später über diesen Marsch:

»Der Landweg längs der Donau-Ufer, welchen ich laut Befehl nehmen mußte, war der grundloseste, den ich je sah – und über alle Beschreibungen schlecht war die Strecke

bis Thalfingen. Schmale Hohlwege, die mit Wasser bis an die Brust der Pferde angefüllt und dabei durch die großen Steine unpraktikabel waren, führten zwischen einer Kette von Anhöhen und dem Donau-Ufer, meistens durch dickes Gebüsch fort, welches selbst für die Infanterie undurchdringlich war und sie daher bis über die Schenkel durch Wasser und Morast waten mußten. Zum Beweis der Grundlosigkeit dieses Weges mag das Beispiel hinreichen, daß drei Fuhrknechte in den Pfützen des Weges in der Nacht ertranken und ein Pulverkarren von Erzherzog Karl, unter dem das Ufer der Donau losbrach, in den Strom stürzte.«

Das Abschwenken auf die Chaussee war ohne Umkehren unmöglich, da nur noch schlechtere Waldwege zur Chaussee führten, die mit Geschützen nicht benützt werden konnten. FML v. Riesch, dessen Korps für den Marsch nach Heidenheim als Mitte bestimmt war, hatte die Gegend von Jungingen und Ober-Haslach erkunden lassen, nicht aber das Donau-Ufer. Nach Empfang des neuen Befehls mußte er sofort abmarschieren und hatte daher keine Zeit, den Weg zu erkunden. Nach diesem äußerst beschwerlichen Marsch erreicht v. Riesch mit seiner Vorhut Thalfingen, als aus Richtung Oberelchingen heftiges Geschütz- und Gewehrfeuer hörbar war. Nachdem er befohlen hatte, daß aus der ohnehin schon belaglosen Thalfinger Donaubrücke auch noch drei Joch abgesägt werden, eilte er in Richtung Oberelchingen.

In Oberelchingen stand FML Laudon mit einem Teil seiner Division im Kampf mit dem Bataillon Franzosen, welches das Kloster besetzt hielt. FML v. Riesch ließ ein Infanterieregiment und eine Kürassierschwadron der Vorhut südlich von Oberelchingen aufmarschieren. Da aber FML Laudon den Feind inzwischen geschlagen und vertrieben hatte, traten seine Truppen nicht mehr ins Gefecht. FML Laudon, der noch am 13. Gundelfingen erreichen sollte, ist durch dieses Gefecht – entgegen Mack's Befehlen – mit seiner ganzen Division in Oberelchingen stehen geblieben. Er ließ weder die Elchinger Donaubrücke zerstören, noch erreichte wenigstens ein Teil seiner Truppen auftragsgemäß Gundelfingen.

FML v. Riesch erfuhr von Gefangenen und Landleuten, daß die Franzosen mit starken Kräften nördlich der Donau stehen. (Es waren die Divisionen Dupont und Baraguay). Außerdem war von seiner Division erst die Vorhut in Oberelchingen eingetroffen. Deshalb behielt er FML Laudon mit seiner Division in Oberelchingen.

Ein Detachement aus vier Bataillonen (Infanterieregiment Erzherzog Maximilian) und zwei Eskadronen wurde unter dem Kommando des Obersten Bieber nach Riedheim detachiert; es sollte gegen Leipheim aufklären und die dortige Brücke zerstören.

FML v. Riesch beriet sich sodann mit den Generälen Laudon und Mecsery, ob der Südteil der Brücke von Elchingen noch in der Nacht zu nehmen und zu zerstören sei oder erst am nächsten Tage. Obwohl die Österreicher zu diesem Zeitpunkt den Franzosen kräftemäßig weit überlegen waren (Armeekorps gegen ein Bataillon), kamen die drei Generäle überein, am Abend oder in der Nacht nicht anzugreifen. Eine verhängnisvolle Fehlentscheidung, die am nächsten Tag den Untergang der ersten österreichischen Armee einleitete.

FML Mack äußerte sich später – vor dem Kriegsgericht in Wien – zu dieser Entscheidung folgendermaßen:

»... Riesch hatte den Auftrag, den noch zu Elchingen stehenden schwachen Posten über die Donau zu jagen und von Elchingen angefangen bis Gundelfingen abwärts alle Brücken abbrechen und zerstören zu lassen.

Welche Kriegsregeln erfordern denn, daß ein solch beträchtliches Korps zu einer solchen Bestimmung noch ein anderes oder wohl gar eine Armee zu seiner Unterstützung in der Nähe haben müsse, da es in sich selbst vermögend ist, wenigstens in der kleinen Strecke von Elchingen bis Leipheim die zwei Brücken, die sich hier und dort befinden, zu verteidigen und selbst einer Armee den Übergang streitig zu machen, besonders wenn es wie bei Elchingen den Vorteil des hohen Ufers hat, und bei Leipheim den eines diesseits der Brücke in beträchtlicher Breite hinliegenden sumpfigen und bei der damaligen lang anhaltenden nassen Witterung nicht praktikablen Moores, durch welches der Feind auch nach zurückgelegter Brücke erst vielleicht mehr als eine halbe Stunde lang defilieren mußte.«

Am 13., abends, muß man in Ulm den Kanonendonner von Elchingen gehört haben. Die Verhältnisse, die damals im österreichischen Armeekommando geherrscht haben, und die Gemütsverfassung des Armeekommandanten werden am besten in dem Brief deutlich, den Erzherzog Ferdinand am 13. Oktober aus Ulm an Erzherzog Karl schrieb:

»In einem ganzen Buche könnte man unsere Lage und die Tollheit von Mack nicht beschreiben. Mack, wenigstens ein kompletter Narr, hat es durch sein ewiges Hin- und Hermarschierern, Planändern usw. dahin gebracht, daß wir ohne geschlagen zu sein au pont sind, die ganze Armee in nichts auflösen zu sehen. Seine Majestät, der Kaiser, haben ihm plein pouvoir gegeben und ich bin in der unangenehmsten, ich kann wohl sagen. verzweifeltsten Lage der Welt, ich muß unter meinen Augen sozusagen durch meine Unterschrift die ganze Armee zugrunde gehen sehen.«

Feldmarschall Karl Freiherr von Mack gelang es nicht, seine ungehorsamen Generäle auf eine gemeinsame, überzeugende Strategie rechtzeitig auszurichten. Uneinigkeit, Ziellosigkeit und Intoleranz herrschen im österreichischen Armeehauptquartier, was sich auch auf den Kampfgeist der Truppe negativ auswirkte.

In der Nacht und am 14. Oktober trafen wichtige Meldungen von FML v. Werneck ein. Er meldete, daß General Dupont mit ungefähr 4000 Mann in Brenz stehe; er habe deshalb Giengen besetzt und wolle morgen nach Aalen oder vielleicht selbst bis Ellwangen vorrücken, wo ein großes feindliches Depot sein solle.

Obgleich Oberelchingen nur zwei bis drei Wegstunden (zehn Kilometer) von Ulm entfernt ist, trafen die Abteilungen der Kolonne des FML v. Riesch erst in der Nacht oder gar erst am nächsten Morgen in Oberelchingen ein. FML v. Riesch meldete am 13. Oktober um 20.15 Uhr von Elchingen an FML v. Mack nach Ulm, daß

1. bis jetzt erst die Avantgarde eingetroffen wäre,
2. die Geschütze vermutlich wegen der schlechten Wegeverhältnisse nicht bis Thalfingen durchkommen können,
3. FML Laudon das französische Bataillon, welches Elchingen besetzt hatte, über die Donau geworfen habe, das rechte Donau-Ufer stark besetzt wäre und die befohlene Zerstörung der Brücke ohne Haupteinsatz nicht möglich wäre.
4. Er selbst werde, wenn bis 14. Oktober, 6 Uhr früh, kein Befehl eintreffe, mit dem ganzen Korps (15 000 Mann) über Göttingen, Langenau, Niederstotzingen und Gundelfingen donauabwärts vorrücken.
   (Diese Meldung hat aus ungeklärten Gründen Mack nie erreicht.)

In der Nacht vom 13. auf 14. Oktober waren die österreichischen Feldmarschall-Leutnants Graf v. Riesch, v. Laudon und Prinz von Hessen-Homburg, Fürst von Liechtenstein, General Freiherr von Ulm, General von Herrmann und andere hohe Offiziere im Kloster Elchingen in Quartier.

Im wesentlichen waren Macks Befehle am 13. Oktober vormittags richtig und hatten die Rettung der Armee zum Ziel. Anders sieht es wenige Stunden später aus.

Aufgrund der Informationen seines »ungarischen Edelmannes« (des Spions Karl Ludwig Schulmeister) und eines Barons Steinherr, wandte sich FML v. Mack von seiner bisher halbwegs richtigen Lagebeurteilung ab, und so entstand der »Traum vom feindlichen Rückzug«, wie er diese Idee später selber nannte.

An seine Generäle richtete er folgendes Schreiben:

> Ulm, am 13. Oktober 1805, abends
> Meine Überzeugungen!
> Bonaparte steckt mit einer Hauptkolonne zu Weißenhorn. Er hat wegen Beschwerlichkeit des Terrains die größte Mühe, bis an die Iller zu gelangen, die er zu übersetzen wünscht.
> Ein Blick auf die Karte beweist, daß er nicht ohne Unsinn nach Weißenhorn hätte vorwärts eilen können, um wieder nach Günzburg zurückzukehren und die Donau durch einen weiteren Umweg zu übersetzen. Herwärts von Günzburg ist die Übersetzung wegen Beschwerlichkeit des Terrains ganz unmöglich.
> Was wir tun sollten, wäre, bei Weißenhorn oder wenigstens an dem Tag, wo er die Iller passieren wird, anzugreifen. Vielleicht wird er sie auch morgen noch nicht passieren, denn es ist sehr wahrscheinlich, daß er erst Memmingen nehmen werde, um die Kolonne, die dorten passiert, auf dem linken Ufer der Iller vorrücken und sich seinen Übergang decken zu lassen. So wäre der günstigste Augenblick, ihn aufzureiben, und er selbst wird uns, wenigstens in seinem Herzen, auslachen, daß wir es nicht taten.
> Die gegen Memmingen vorrückende Kolonne und seine Stille auf dem linken Donau-Ufer sind die überzeugendsten Probabilitäten seines Rückzuges. Wenigstens müssen wir nunmehr augenblicklich daran denken, die Fortsetzung seines Rückzuges zu beunruhigen und so schrecklich für ihn zu machen, als er es verdient. Unsere Armee muß mit ihm den Rhein erlangen, vielleicht irgendwo mit ihm passieren, besonders wenn eine Revolution ausgebrochen wäre.
> Mack, FML«

Die Folgen dieser »Überzeugungen« waren ganze Reihen von falschen Entscheidungen und Befehlen, welche die erste österreichische Armee zugrunde richteten. FML Schwarzenberg mußte mit seinem Korps in Ulm bleiben, das Hauptquartier wurde nicht nach Hausen verlegt, sondern blieb in Ulm. Die FML von Riesch und Laudon erhielten Befehl, daß sie auf dem Vormarsch nach Donauwörth vorsichtig sein sollen, aber sobald Nördlingen erreicht sei, der auf dem Rückzug befindliche Feind mit größter Tätigkeit bis an den Rhein zu verfolgen sei. Die heute noch im Kloster Elchingen vorhandene Chronik über den 13. Oktober sei besonders den Elchingern und Ortskundigen nicht vorenthalten:

> »Sonntags, den 13. Oktober morgens war alles wie am Abend zuvor. Die Stunden rückten einander stets nach – allein es schlug – und schlug 12 Uhr Mittag; der dumpfe Klang kündigte Elchingen endlich die Trauerszenen an, die Schlag auf Schlag einander folgen würden.«
> An seinem ehemaligen Regenten und Abt Robert II. mußte nun der Anfang gemacht werden. In der nämlichen Stunde rückte eine Kompanie französischer Jäger zu Fuß unter Anführung eines Kapitains, die man anfangs für österreichische hielt, Rache schnaubend den Klosterberg hinauf, drängten sich haufenweise in die Landgerichtskanzlei (heute Klostersteige 10), und fragten sogleich nach dem Abt. Auf die Frage »was man den dem Abt verlangt« und auf die Vorstellung »daß der Hochselbe als pensioniert – außer der Wohnung nichts besitze« wurde gar keine Antwort gegeben. »Heraus, vorwärts« hieß es; der Sturm wurde nun auf die Abtei gemacht. Der Kapitain an der Spitze der 50 Mann zog nun der Abtei zu. Das Gitter am Martinstor, dieses so bedeutungslosen Vorwerks, war geschlossen, aber hinreichender Stoff zum Befehl, daß Zimmerleute herbeigerufen wurden, um es sogleich mit den Äxten aufzuschlagen. Umsonst war das Bitten der herbeiströmenden Elchinger. Es diente vielmehr nur zur Anbegeisterung der Rache.

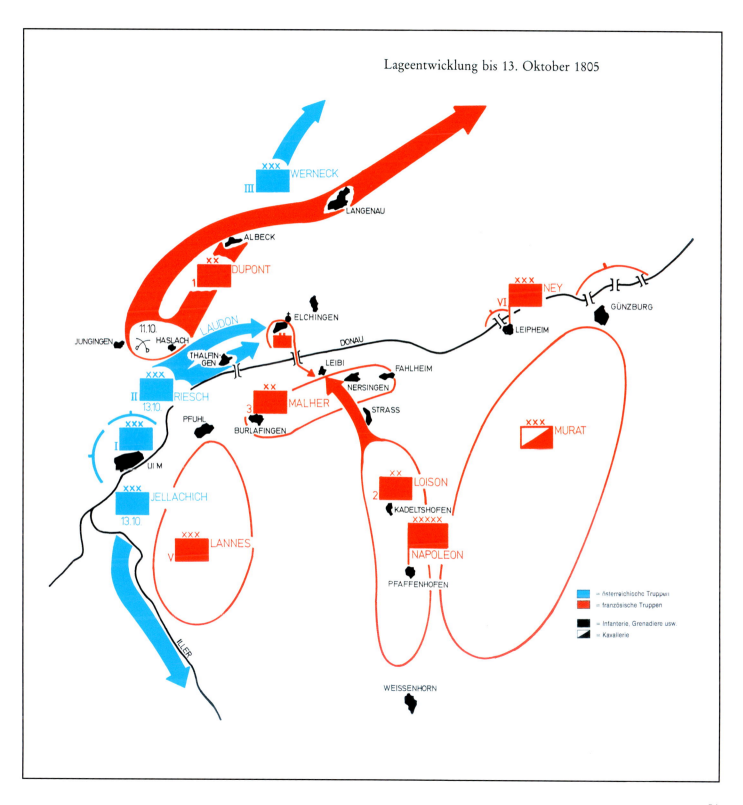

Der Abt durch schon so viele vorgefallene, äußerst drückende Trübsale gestählt – erwartete standhaft sein unvorzubeugendes Schicksal. Der Befehl wurde befolgt, das Gitter durch wiederholte Hiebe sprang, es fiel – und mit ihm zugleich der Abt. Unter satanischen Verwünschungen des Kapitains und entsetzlichem Fluchen der Gemeinen wurde er aus der Abtei gerissen, mit mörderischer Gewalt die zur Kanzlei gehörende Treppe hinabgestoßen und von da durch 25 Mann eskortiert. Bei schlimmster Witterung, im Morast bis gegen die Knie, wurde er den Berg hinab bis an des Alois Reisers Gartenspitze geschleppt. Hier befand sich General Marcognet zu Pferde; dieser durch den schauerlichen Anblick des mißhandelten Abtes gleichsam gerührt, sagte zu ihm: »Ich höre, Sie haben 3500 Bouteillen Rheinwein in ihrem Keller. Liefern Sie diesen mir und meinem Militär auf der Stelle aus.« Nachdem aber der Abt diese Angabe einleuchtend als falsch bewiesen hatte, mit dem Zusatz, es finde sich außer Essigwein kein anderer vor, so erwiderte Marcognet: »Gut, so geben Sie mir diesen. Das Militär, von dem Sie eskortiert werden, ist nun die Exekutionsgruppe dazu.« Sogleich bestieg der Offizier sein Pferd, hinter dem der Abt durch das nämliche Militär eskortiert und in aller Eile den Berg hinauf gedrängt wurde.

Mittlerweile rückte die Spitze des österreichischen Armeekorps aus dem Forst an. Die Franzosen waren entlang der Klostersteige bis an das Klostertor (Martinstor) in Schlachtordnung gestellt, und kaum hatte der Abt atemlos die Pforte erreicht, als schon beim Ziegelstadel (heute in der Nähe von Bauer Josef Dick) geplänkelt und die französische Alarmtrommel gerührt wurde. In dieser Kriegsverwirrung mußte der Abt statt des Weines einen Pferdestall zeigen. Dieser wurde aufgesperrt und die Pferde abgeführt. Den Abt selber aber ließen sie, vor dem Feind fliehend, in Ruhe hingehen. Solche Greuel, die selbst unter weniger zivilisierten Nationen sehr selten sind, müssen, als Teile der Charakteristik dieses Krieges, der Nachwelt überliefert werden.

Mittlerweile nahm die Sache eine ganz ernsthafte Wendung. Das Feuer ward heftiger und das Plänkeln ging in die Art seiner Aktion über. Hinten an der Klostermauer, wo der Weg nach Göttingen führt, schossen die Franzosen einen österreichischen Rittmeister, (der gleich am Ort beerdigt wurde) und einen Kürassier vom Pferde; nun stürzten von allen Seiten die Österreicher herbei und jagten sie mit einem nicht unbedeutenden Verlust den Berg hinunter. Ein Kürassier sah einen von seinen Kameraden getrennten Franzosen in den Klosterhof hineinspringen, alsbald setzte er ihm nach und wie er beim Nachtwächter in den Hof wollte, holte er ihn ein. Der Franzose warf zwar sein Gewehr weg und schrie um Hilfe, allein, da er zuvor auf den Kürassier angeschlagen hatte, versetzte er ihm einen Hieb über das Gesicht und ließ ihn, für tot haltend, liegen. Der Franzose ermannte sich jedoch wieder, kam aber nicht weiter als bis zum Handelsmann-Haus Vidal, wo er von einer Musketenkugel tot zur Erde niedergestreckt wurde. Die herbeieilende österreichische Infanterie und Kavallerie jagten nicht nur die Franzosen aus dem Ort, sondern trieben sie auch über die hiesige Donaubrücke, die sie nun wieder besetzten, hinüber.

Bei dieser Gelegenheit hätte beinahe der hiesige Herr Landrichter Poppel, der bei allen bisherigen Vorfällen sowohl bei Tage als bei Nacht unermüdlich war, sein Leben lassen müssen. Einige von den Franzosen nahmen ihn mit den Berg hinunter, hatten ihn auch bis zum Heustadel (heute Klosterapotheke) gebracht, wo er ihnen entwischte. Sie setzten ihm zwar nach, zwei von ihnen schossen auf ihn, konnten ihn aber glücklicherweise nicht treffen, und ehe sie wieder geladen hatten, öffnete man ihm beim ehemaligen Klosterküfer Engelbert Müller (heute Karl Gnann, Postgasse) das Haus. Er entkam der Gefahr und kehrte nach einer halben Stunde verkleidet nach Hause zurück. Das

Erfolgreiche französische Spionagearbeit

Carl Ludwig Schulmeister – Kaiser der Spione

nämliche Schicksal traf auch an diesem Tag Herrn Pfarrer Peter Martin, wie oben in diesem Pfarrbuch an seinem Orte zu sehen ist.
Gegen Abend wurde der hiesige Ort und die Gegend mit einer großen Anzahl Österreicher besetzt. Fünf Generäle, nämlich Laudon, Lichtenstein, Riese, Herrmann und Ulm sowie 500 Offiziere kamen ins Kloster zum Herrn Landrichter. Auch quartierten sich einige beim H. Rentbeamten Hauser ein. Sie speisten mit dem Abt in dem ehemaligen Tafelzimmer und nahmen ihre Nachtquartiere in der Großkellerei, Kastnerei und anderen Zimmern (diese Gebäude stehen heute nicht mehr). Insgesamt waren es ungefähr 15 000 Mann, die von hiesigen Bürgern verpflegt wurden.
Elchingen bekam nun eine ganz andere Gestalt. Für diesen kleinen, stillen Ort mit seinem ehemals so ruhmvollen – und nachher so herabgewürdigten alten Kloster, das trotz aller Schläge und Stürme, gleich einer Eiche, mit seinem durch Gewalt abgeworfenen Wipfel doch noch unbeweglich stand und in dessen Tempel ehemals die geistlichen Väter ihre frommen Wünsche und Gebete um Mitternacht zum Himmel schickten, schlug es 12 Uhr. Einen fürchterlich schönen Anblick gewährten in dieser Nacht die Wachtfeuer der beiderseitigen Armeekorps. Gegen den Forst oben an den Klostermauern, gegen Thalfingen und Unterelchingen bis an die Oberelchinger Donaubrücke, über der Donau vor Burlafingen bis Ulm und Kirchberg, sah man nichts als österreichische Wachtfeuer.
Von Leibi, Straß, Fahlheim, Nersingen, am Glassenharter Holz bis Leipheim loderten die Flammen der französischen Wachtfeuer hoch empor und der ganze Horizont war trotz des heftigsten Sturms und Regens ungemein stark beleuchtet.«

– Soweit die Elchinger Chronik. –

Der Franzosenkönig Ludwig XIV. hatte bereits 1667 erkannt, daß Spionage ein wichtiges Instrument für die Politik sein kann. Ebenso baute Kaiser Napoleon seine politische und militärische Feindaufklärung aus. Lange vor den Feldzügen war in Deutschland und auch in anderen Ländern ein französisches Informationsnetz aufgebaut worden. Monate vor dem Einmarsch der »Grande Armee« wurden genaue Landkarten besorgt und die Aufmarschgebiete und Nachschubwege durch Agenten erkundet.
Am 25. August 1805 entsandte Napoleon Prinz Murat und den General Bertrand zur Erkundung nach Bayern. Bertrand hatte den Auftrag, den Inn, die Salzach, den Lech und besonders die Städte Füssen, Donauwörth, Ingolstadt, Passau und vor allem Ulm zu rekognoszieren. Außerdem mußte er die allgemeine Lage, militärische Wichtigkeiten und ab wo die Donau schiffbar ist, feststellen.
Murat erkundete den Main, Würzburg und von dort die Verbindungen nach Bamberg sowie an die Donau nach Ulm, Ingolstadt und Regensburg und darüber hinaus die Straßen nach Eger und Böhmen.
General Réne Savary, geboren am 26. April 1774, Chef der französischen Feindaufklärung, ein begabter, tüchtiger Offizier im kaiserlichen Generalstab, erhielt am 28. August 1804 von Napoleon folgenden Befehl:

»Der General Savary wird sich nach Landau begeben und von dort nach Germersheim. Er wird den Rhein in der Umgebung von Germersheim an dem Platze übersetzen, den er am günstigsten für die Herstellung einer Schiffbrücke hält. Er wird Philippsburg soweit besichtigen, um einen bündigen Bericht über den Zustand des Platzes geben zu können. Er wird sich sodann nach Bruchsal begeben, dann nach Knittlingen; von dort nach Vaihingen, Cannstatt, Gmünd, Aalen, Giengen und Gundelfingen an der Brenz, eine halbe Meile von der Donau. Er wird nur bei Tag reisen.

Er wird alle Querverbindungen vormerken, die vorhanden sind, einerseits zwischen dieser Linie und der von Durlach nach Ulm über Pforzheim, Stuttgart, Eßlingen, Göppingen und Geislingen und andererseits zwischen der Straße, die er durchlaufen soll, und einer anderen Linie, ausgehend von Wiesloch über Sinsheim, Heilbronn, Öhringen, Hall, Ellwangen, Neresheim nach Dillingen an der Donau. Er wird über alle Städte, Orte, Brücken, Schlösser, Höhen, Wälder und wichtige Plätze, die er findet, berichten, über die Entfernungen zwischen ihnen und auch welche der Städte, Orte und Schlösser für die Unterkunft der Truppen dienen können. Die Enz bei Vaihingen, der Neckar bei Cannstatt werden seine besondere Aufmerksamkeit verdienen und er wird ihre Breite vormerken und erheben, welche Schwierigkeiten diese beiden Flüsse dem Übergang der Truppen bieten. Er wird auf die Breite der Täler achten und er wird die Entfernung jedes wichtigen Punktes seines Weges vom Schwarzwald oder von dem Gebirge, welches die Täler der Donau und des Neckars trennt, vormerken. Er wird die beste Verbindung zwischen Gmünd und Giengen ermitteln, sei es über Heubach und Heidenheim oder über Weißenstein und Langenau. Er wird sie persönlich erkunden, um festzustellen, welche für den Transport des Bedarfs einer Armee die günstigste ist.

Der General Savary wird sodann, indem er ihn selbst besichtigt, den besten Weg ermitteln, der zwischen der oben bezeichneten Linie von Philippsburg nach Gundelfingen und einer anderen, von Dillingen ausgehenden Linie, die über Neresheim, Hülen, Ellwangen, Hall, Öhringen, Heilbronn, Linsheim, Wisloch nach Speyer führt, vorhanden ist, und zwar so, daß der fragliche Weg gewissermaßen parallel zu den zwei anderen ist. Diese Weglinie, die für Artillerie und Trains benützbar sein müßte, könnte entweder von Aalen über Murrhardt, Löwenstein und Heilbronn oder noch besser von Aalen nach Gmünd und dann über Winnenden, Marbach, Bietigheim, Sachsenheim, Knittlingen und Bruchsal nach Philippsburg führen. Wenn es einen geraden, guten und fahrbaren Weg von Giengen nach Gmünd gäbe, wäre er vorzuziehen. In die Gegend von Philippsburg zurückgekehrt, wird General Savary das rechte Rhein-Ufer bis Speyer erkunden und sich dann von neuem an die Donau bei Dillingen begeben über Wisloch, Sinsheim, Heilbronn, Öhringen, Hall, Ellwangen, Hülen und Dischingen. Er wird diese Weglinie, ihre Abzweigungen und den Neckar bei Heilbronn genau ansehen. Er wird sodann längs der Donau von Dillingen nach Ulm eilen, sich von dort nach Göppingen begeben und dieser Straßenstrecke die größte Aufmerksamkeit schenken. Er wird die Verbindungen dieser Stadt mit Gmünd ermitteln und sich sodann über Eßlingen und Stuttgart, wo er den Neckar abermals besichtigt, über Pforzheim, Durlach nach Mühlburg begeben und den Rhein gegenüber von Pforz erkunden. Sodann wird er sich zum Kaiser begeben, wo immer dieser sei.

Napoleon«

Unter den Spionen Napoleons ragte der »Kaiser der Spione« wie er später genannt wurde, besonders hervor. Es war Carl Ludwig Schulmeister aus Straßburg am Rhein, der am 5. August 1770 in Neu-Freistett geboren wurde. Er war der zweite Sohn eines evangelischen Pastoren, welcher im rechtsrheinischen Ort Lichtenau seinen Amtssitz hatte. Nach der Schule lernte er Handelskaufmann und war einige Jahre als Eisenhändler beschäftigt. Mit zweiundzwanzig heiratete er Luise Charlotte Unger, die Tochter des Bergwerksdirektor aus Markirch.

Mit 28 Jahren verlegte er seinen Wohnsitz nach Straßburg. In dieser Zeit begleitete er hauptsächlich französische Truppen – unter dem Kommando von General Moreau – welche auf deutschem Boden kämpften, als Maketender. Er lernte dabei einen jungen französischen Offizier namens Savary kennen. Für diesen führte der an den Rheinufer ortskundige Schulmeister immer wieder, gut bezahlte Erkundungs- und Spiona-

Leiter der Spionage im Generalstab von Napoleon; General und späterer Marschall Anne Jean Marie René Savary.

geaufträge durch. Zeitweise betrieb er an der deutsch-französischen Grenze Schmuggel, den er manchmal bis England ausdehnte. Schlauheit, Skrupellosigkeit und Geistesgegenwart war ihm schon in die Wiege gelegt.

Im Jahr 1805 wurde Schulmeister von Savary, der es zwischenzeitlich zum General gebracht hatte, fest in den Spionagedienst gestellt und Napoleon mit den Worten vorgestellt:

»Sire, hier ist ein Mann, der nur aus Hirn besteht und kein Herz hat.«

Diese Charakterisierung machte dem neu engagierten Spion alle Ehre.

Im Jahr 1804 hatte er die Aufgabe, den von Frankreich nach Deutschland emigrierten französischen Bourbonenprinzen Herzog von Enghien unter einem familiären Vorwand nach Frankreich zu locken, damit ihn Napoleon erschießen lassen konnte. Diese Aufgabe löste er mit Bravour, so daß er sofort weitere Aufträge erhielt.

Als in Österreich FML von Mack Anfang 1805 die erste Armee gegen Frankreich aufstellte, lernte er in Wien einen – angeblich aus Frankreich vertriebenen – ungarischen Edelmann aus alter Familie kennen, welcher kein anderer als Carl Ludwig Schulmeister war. (Die Rolle des ungarischen Edelmannes fiel ihm nicht schwer, nachdem sein Großvater tatsächlich ungarischer Edelmann war und Biersky hieß. Bei einem Duell tötete er einen österreichischen Rittmeister und mußte unter Namensänderung nach Deutschland fliehen.) Er bot Mack seine Dienste an und versorgte ihn mit (falschen) »Nachrichten aus Paris« und lieferte sogenanntes Spielmaterial über militärische Truppenstärken und Bewegungen der Grande Armee.

General Savary versorgte ihn reichlich mit Geldmitteln, so daß er dafür empfängliche österreichische Offiziere bestechen und zur Mitarbeit gewinnen konnte. Schulmeister brachte es sehr schnell zum geheimen Erkundungschef der ersten österreichischen Armee und leistete in dieser Stellung Napoleon unschätzbare Dienste.

Der intelligente, rothaarige Spion mit seinem listigen, stechenden Blick verstand es meisterhaft, dem leichtgläubigen Mack das einzureden, was er gern hören und glauben wollte.

Als Mack am 11. und 12. Oktober 1805 mit seiner Armee im Raum Ulm stand, erkannte er in Abstimmung mit Erzherzog

Ferdinand und Feldmarschall Schwarzenberg, daß sie von allen Seiten in Ulm eingeschlossen wurden. Deshalb wollte er mit seiner Armee nach Böhmen bzw. nach Vorarlberg abrücken.

In dieser Situation tauchte »Monsieur Charles«, wie Schulmeister von Napoleon genannt wurde oder »le petit homme rouge«, wie ihn die französischen Wachtposten nannten, im französischen Hauptquartier auf. Er war dazu vorgesehen, am Sonntagabend, den 13. Oktober, FML von Mack zu besuchen und ihn zu bewegen, noch einige Tage in Ulm zu verbleiben. Napoleon, der die österreichische Hauptstreitmacht lange im Raum Mindelheim und Buchloe suchte, brauchte noch ein bis zwei Tage, um Ulm und damit die österreichische Armee von allen Seiten einzuschließen.

Ohne Schwierigkeiten kam Schulmeister durch die österreichische Postenkette und wurde sehr schnell von den Wachtposten zu FML von Mack gebracht.

Bereits Monate zuvor hatte Schulmeister hunderte von Briefen angeblich unzufriedener Franzosen gesammelt; er ließ sogar in Frankreich eine Zeitung drucken, die gegen Napoleon gerichtete Sätze enthielt. Alle diese Unterlagen und Informationen hatte er auftragsgemäß FML von Mack zugespielt, und sie waren die Grundlage für den Erfolg seiner damaligen, so entscheidenden Mission.

Schulmeister oder besser gesagt, der »ungarische Edelmann«, berichtete, daß

> die Engländer in Frankreich bei Boulogne gelandet seien;
> in Paris eine Revolution gegen Napoleon ausgebrochen sei;
> Napoleon sich mit seiner Armee auf dem Rückzug nach Frankreich befinde.

FML von Mack, dem diese Nachrichten in sein Konzept paßten, fiel auf diesen Schwindel herein und schickte Schulmeister noch am Abend des 13. Oktober nach Stuttgart, um weitere Informationen zu sammeln. Dieser zog es natürlich vor, sich nicht nach Stuttgart, sondern direkt in das französische Hauptquartier nach Oberfahlheim (östlich von Ulm) zu begeben.

Sein Bericht über die in Ulm eingeschlossenen Österreicher enthielten eine Fülle von außerordentlich wichtigen militärischen Informationen, die für Napoleon von großer Bedeutung waren.

Aufgrund der Beeinflussung von H. Schulmeister und eines Barons Steinherr wandte sich v. Mack von seiner bisher halbwegs richtigen Lagebeurteilung ab, und so entstand der »Traum vom feindlichen Rückzug«, wie er diese Idee später selber nannte. An seine Generäle richtete er, wie bekannt, das Schreiben:

> »Meine Überzeugungen!
> Bonaparte steckt mit einer Hauptkolonne zu Weißenhorn. Er hat wegen Beschwerlichkeit des Terrains die größte Mühe ...«

Als acht Tage später die Festung Ulm kapitulierte und die besiegten österreichischen Truppen an Napoleon vorbeizogen, sagte er zu seinen Generälen:

> »Meine Herren, alle Hochachtung vor Charles, den ich sehr hochschätze, denn er war mir ein Armeekorps von 40 000 Mann wert«.

Es wurde kaum gekämpft um Ulm. Ein einziger Mann, der Spion Schulmeister, hatte diese entscheidende militärische Auseinandersetzung mit den Waffen überflüssig gemacht.

Schulmeister verschwand unauffällig aus der Ulmer Gegend, ohne den geringsten Verdacht zu erregen und wiederholte seine Tüchtigkeit sechs Wochen später durch Irreführung der österreichischen und russischen Befehlshaber bei der Schlacht um Austerlitz. Nach dem Einzug der siegreichen Franzosen im Dezember 1805 in Wien wurde Schulmeister von Napoleon zum Generalpolizeikommissar der Stadt Wien ernannt.

Carl Ludwig Schulmeister:
erfolgreich, doch militärischen Ehren nicht würdig.

Seine Hauptaufgabe bestand in der Ermittlung politischer und militärischer Geheimnisse. Der Titel »Empéreur des Espions« (Kaiser der Spione) war der einzige, den Napoleon Schulmeister verlieh. General Savary setzte sich für die Ernennung Schulmeisters zum Ritter der Ehrenlegion ein, doch Napoleon ließ sich dafür nicht gewinnen:
»*Gold ist die einzige Belohnung für einen Spion*«, sagte er.
Mit dem Abrücken der Franzosen 1806 aus Wien schlug für ihn wieder eine Schicksalsstunde. Er wurde von den Österreichern verhaftet und zum Tode verurteilt. Das Todesurteil durch Erschießen konnte jedoch nicht vollstreckt werden: Mit Hilfe einiger bestochener Helfer und einer österreichischen Uniform konnte er ausbrechen und sich in Sicherheit bringen.
Kurze Zeit später tauchte er bereits wieder in Napoleons Nähe auf und wurde 1806 gegen die Preußen erfolgreich eingesetzt. Die Stadt Wismar fiel durch eine Kriegslist Schulmeisters ohne Blutvergießen in französische Hände.
Als im Jahre 1815 die Bourbonen wieder an die Macht gelangten, zeigten sie sich gegen die Anhänger Napoleons wenig tolerant. Immerhin ließen sie Schulmeister am Leben. Er wurde – im Gegensatz zu den meisten Spionen – 83 Jahre alt! Die Regierung gewährt dem Mann, der soviel für den militärischen Ruhm Frankreichs getan hatte, nur eine Gunst: Sie erteilte ihm die Erlaubnis, in einer Bretterbude in Straßburg Tabakwaren zu verkaufen.
Dennoch geriet der ehemalige Spion nicht völlig in Vergessenheit. 1850 stattete der französische Präsident – der spätere Kaiser Napoleon III. – der elsässischen Hauptstadt einen offiziellen Besuch ab. Zum Erstaunen seiner Minister suchte er zuerst eine schäbige Tabakbude auf und schüttelte dem alten Inhaber – Karl Ludwig Schulmeister – herzlich die Hand.

Die Schlacht um Elchingen am 14. Oktober 1805

Marschall Ney gegen Feldmarschalleutnant Graf v. Riesch

Das ehrwürdige, 677 Jahre alte Kloster Elchingen mit dem Ort hatte bis zu diesem Zeitpunkt schon viele militärische Stürme erlebt – besonders im »30jährigen Krieg« – dieser Tag sollte alles bisher Geschehene an Schrecken, Zerstörung und Tod in Schatten stellen.

In der Nacht vom 13. auf 14. Oktober waren bekanntlich die von Ulm angerückten österreichischen Truppen in Stärke von 15 000 Mann und zwar des Korps des FML v. Riesch mit den Divisionen FML von Hessen-Homburg und FML Laudon, in Oberelchingen im Quartier. In der mit Schnee und Regen vermischten, naßkalten Nacht brannten in Oberelchingen und in den umliegenden Orten überall Lagerfeuer der biwakierenden Soldaten. Von dem auf der Höhe liegenden Kloster Elchingen waren die auf dem rechten Donau-Ufer liegenden Orte mit den von den Franzosen unterhaltenen Lagerfeuer gut auszumachen. Die österreichischen Generäle, welche im Kloster Quartier bezogen hatten, waren über die ungewöhnliche, enorme Konzentration der feindlichen Truppen erstaunt. Aufgrund ihrer Informationen und Befehle glaubten sie, daß Napoleon auf dem Rückzug nach Frankreich ist und sich auf keine Kampfhandlungen einläßt. Von Leipheim über Weißenhorn bis Pfuhl waren während der Nacht im weiten Halbkreis vom Kloster Elchingen aus alle diese beleuchteten Orte zu sehen.

Am frühen Morgen verließ Oberst Biber mit vier österreichischen Bataillonen Infanterie und zwei Eskadronen Kavallerie befehlsgemäß Oberelchingen, um die Donaubrücke bei Leipheim zu zerstören. Er nahm den Weg über Unterelchingen, Weißingen und Riedheim nach Leipheim. Bei Riedheim stieß er auf französische Vorposten, welche er nach kurzem Gefecht überwältigte und teilweise gefangen nahm. Bei Tagesanbruch meldete er aus Riedheim an FML v. Riesch, daß der Feind mit ca. 10 000 Mann bei Leipheim stehe und er deshalb seinen Auftrag, die Brücke zu zerstören, nicht erfüllen könne. Er werde mit seiner Truppe nach Oberelchingen zurückkehren. (Tatsächlich aber waren zu diesem Zeitpunkt 5000 französische Dragoner zu Fuß in Leipheim, die noch am selben Vormittag nach Fahlheim weitermarschierten.)

Bei Tagesbeginn, ungefähr um 7.30 Uhr, meldeten die Beobachtungsposten vom Klosterkirchturm, daß von Fahlheim, Straß und Burlafingen her ein starker militärischer Aufmarsch (laut Klosterchronist: *»gleich einer schwarzen Gewitterwolke, die Hagel und Sturm verkündet«*) in Richtung Oberelchinger Brücke erkennbar ist. FML Riesch wurde nun klar, daß die Franzosen einen Angriff über die Donau auf Oberelchingen zum Ziel hatten.

General Mecsery war um 6 Uhr mit seinen Truppen, der Vorhut aus vier Bataillonen Infanterie und zwei Eskadronen Kavallerie (Teile der Division des FML Prinz von Hessen-Homburg), aufgebrochen, um über Göttingen und Langenau in Richtung Gundelfingen zu marschieren. Ebenso war FML Laudon mit seinen Truppen eine Stunde später aufgebrochen. Seine Divisionsspitze befand sich zwischen Göttingen und Langenau auf dem Marsch nach Höchstädt. FML Riesch, der am 12. Oktober von FML Mack den Befehl erhalten hatte, die rechte Flanke der von Ulm über die Heidenheimer Landstraße nach Böhmen marschierenden österreichischen Armee zu sichern, glaubte deshalb, den Feind bei Oberelchingen festhalten zu müssen, um dadurch die Landstraße Ulm–Albeck–Heidenheim–Aalen offen zu halten. Seine bereits abgerückten Truppen erhielten deshalb Befehl, sofort nach Oberelchingen zurückzukehren, was von FML Laudon auch befolgt wurde. General Mecsery dagegen war inzwischen bei Langenau mit einer Vorhut der französischen 1. Division Dupont in ein Gefecht verwickelt worden, aus dem er sich löste, um wieder in Richtung Oberelchingen marschieren zu können. Aus dem Kriegstagebuch der Division Dupont ist darüber folgendes zu entnehmen: In der Nacht zum 14. Oktober 1805 erhält der General von Marschall Ney den Befehl, nach Albeck zurückzukehren; um 7 Uhr morgens setzte er sich in Marsch. Als der Langenau erreicht, ist diese Ortschaft bereits von einem großen feindlichen Korps (Vorhut von FML Laudon) besetzt. Seine Aufklärung erkennt ferner eine österreichische Kolonne, die sich rechts auf dem Marsch nach Nerenstetten befand. (Das Korps von FML Werneck.)

Nach einem Vorhutsgefecht, das geführt wurde, um die Kampfkraft des Feindes festzustellen, beschließt General Dupont, über die Brenz zurückzugehen, um die Verbindungswege der Armee über Gundelfingen und Günzburg zu sichern. Außerdem wollte er die eventuelle Absicht des Feindes vereiteln, einen Ablenkungsangriff durchzuführen, um Ulm zu befreien.

Der österreichische Feldmarschall-Leutnant Graf v. Riesch befahl für Oberelchingen folgende Truppenaufstellung:

1. Im Riedgarten und im Dorf selbst: 2 Btl. Infanterie und 4 Geschütze
2. Am Westausgang Oberelchingen: 1 Husaren-Eskadron
3. Im Kloster und Klostergarten: 2 Bataillone Infanterie
4. »Großer Forst«; Südspitze 2 Bataillone Infanterie
5. Plateau östlich der Klostermauer: (Auf den 15 Jauchert) 6 Bataillone Infanterie (in 2 Treffen)
6. Auf der »Elchinger Höhe«, nördlich der »15 Jauchert« (»Auf den Gräben« und »Ehbann«): 10 Btl. Infanterie und 7½ Eskadronen Kavallerie
7. An der Donaubrücke, am Fischerhaus und Heustadel: 2 Btl. Infanterie und 2 Geschütze
   Summe der direkt in Oberelchingen stehenden österreichischen Truppen: 24 Bataillone Infanterie und 8½ Eskadronen Kavallerie 14 Geschütze Artillerie Entspricht ca. 10 000 Mann
8. Bei Langenau kämpften unter General Mecsery: 4 Btl. Infanterie und 2 Eskadronen Kavallerie (gegen die Vorhut der 1. Division Dupont, die sich aber zurückzog)
9. Bei Riedheim und den Weißinger Höfen kämpften unter Oberst Biber: 4 Btl. Infanterie und 2 Eskadronen Kavallerie
   Summe aus 8. und 9. Gesamtstärke der österreichischen Truppen: 8 Bataillonen Infanterie 4 Eskadronen Kavallerie
   32 Bataillone Infanterie 12½ Eskadrone Kavallerie 14 Geschütze Artillerie. Das entspricht ca. 15 000 Mann.

Für den unermüdlichen und draufgängerischen 36jährigen Marschall Ney, Kommandeur des VI. Korps mit 23 100 Soldaten, begann am 14. Oktober 1805 ein langer und harter, aber auch erfolgreicher Tag. Kurz nach Mitternacht verließ er das Hauptquartier seines Korps im Pfarrhof Leipheim; er hatte – wie immer an solchen Tagen – seine goldbestickte Marschalluniform angezogen. Aufgrund der letzten Befehle seines Kaisers und der Information seiner eigenen Beobachter wußte er, daß der Feind nicht – wie ursprünglich von Napoleon vermutet – bei Augsburg oder Buchloe, sondern nördlich der Donau in der Festung Ulm zu suchen war.

Er wußte außerdem, daß seine 1. Division Dupont, welche am 11. Oktober bei Ulm-Haslach ein tapferes Gefecht ausgeführt hat, aber trotzdem eine Niederlage einstecken mußte, in Brenz in höchster Gefahr war. Es war ihm bekannt, daß Elchingen von starken feindlichen Truppen besetzt war und auf der Straße von Ulm nach Heidenheim–Nürnberg starke österreichische Truppenbewegungen festgestellt wurden. Außerdem hatte er in den letzten Stunden von Napoleon zwei gleichlautende Befehle erhalten, die ihn dringend aufforderten, Elchingen und Albeck in Besitz zu nehmen.

Alle diese Informationen beschäftigten und aktivierten ihn zugleich. Er verstand es, wie kein anderer Marschall, trotz vieler vorhandener Schwierigkeiten und Probleme die Truppen durch sein persönliches, mitreißendes Vorbild zu motivieren. Durch den seit dem 9. Oktober anhaltenden Regen und die dadurch grundlosen Wege waren seine elsässischen Pferdewagen überall stecken geblieben. Laufend fielen Pferde vor Hunger und Erschöpfung aus und verendeten an den Wegen. Rechts und links der Straße liefen seine Soldaten querfeldein, teils Lebensmittel suchend, teils um in den wildreichen Wäldern zu jagen. Seit Tagen hatten seine Soldaten nicht einmal mehr Brot, um sich halbwegs zu verpflegen. Magazine oder Feldverpflegung gab es nur in wenigen Fällen. Die Soldaten mußten sich befehlsgemäß die Lebensmittel aus der Umgebung, durch die sie gerade zogen, beschaffen. Plündern war an der Tagesordnung. Dabei wurde auch auf die verbündeten Bayern keine Rücksicht genommen.

Der spätere französische Marschall Bugeaud, der diesen Feldzug als Angehöriger der kaiserlichen Garde mitgemacht hat, beschrieb diese Situation sehr treffend in einem Brief an seine Schwester wie folgt:

»*Ich denke, daß 10 000 Mann, die in einem Dorf ankommen, leicht für jeden etwas zu essen finden können. Was mir Sorge macht, das sind die Bedrückungen und der Raub, die man an den Bauern begeht. Ihr Geflügel, ihr Holz, ihr Speck werden ihnen mit Willkür und Gewalt genommen. Ich mache das nicht mit, aber wenn ich sehr ausgehungert bin, sehe ich ruhig zu und lasse mir meinen Teil am Raub schmecken.*«

Ähnliches schrieb der Kommandeur, General Marmont, der das 2. Korps befehligte und in Pfuhl bei Ulm stationiert war:

»*Mehr als 12 000 Mann von meinen Leuten lagerten auf der Höhe in Pfuhl. Dieses Dorf bestand aus weniger als 40 Häusern und wir blieben fünf Tage daselbst. Die Ordnung wurde aufrecht erhalten und alle Hilfsmittel wurden auf die Verpflegung meiner Truppen verwandt, denen es an nichts fehlte. Welch ein Land zur Kriegsführung, wo man solche Produkte findet, Leute, die sie conservieren und Magazine bereit halten, über die man ohne Widerrede verfügen kann! Denn die Deutschen sind ein ungemein verständiges Volk und wissen im voraus, daß Soldaten verpflegt werden müssen.*«

Am 13. Oktober hatte General Loison von Marschall Ney den Befehl erhalten, am Abend um 20 Uhr mit der 2. Division von Kadelshofen an die Elchinger Donaubrücke (ca. 8 km) zu marschieren. General Malher befand sich mit der 3. Division in Burlafingen und Oberfahlheim. Er hatte Befehl, sich der 2. Division anzuschließen. Nach dem Aufmarsch seiner 2. Division Loison, welche für dieses Vorhaben mit der aus Bubesheim bei Günzburg kommenden Kavallerie-Division Bourcier aus dem Kavalleriekorps Murat verstärkt wurde, legte Marschall Ney im Donauwald südlich der Brücke die Angriffsreihenfolge fest:

Die Angriffsspitze bildete die 1. Brigade unter General Vilatte mit 3500 Mann Infanterie und Kavallerie des 6. und 39. Regiments.

Das 6. leichte Linienregiment bestand aus zwei Bataillonen, wovon sich jedes aus

    1 Sappeurkompanie (Pioniere)
    1 Voltigeur-Kompanie (Elite-Angriffsinfanterie)
    1 Karabiner-Kompanie (Elite-Infanterie)
    7 Chasseur-Kompanien (Leichte Kavallerie – Jäger zu Pferd)

zusammensetzte.

Die Sappeurkompanien standen unter dem Befehl des Génie du Colonel Gazais. Das 39. Linienregiment hatte ebenfalls zwei Bataillone und zwar jeweils mit

    8 Füsilier-Kompanien (Infanterie) und
    1 Grenadier-Kompanie (Elite-Infanterie).

Marschall Ney stürmt mit seinen Soldaten über die Elchinger Donaubrücke.

Am 14. Oktober 1805 führte die Donau Hochwasser. Der Brückenbelag war zur Hälfte entfernt. Auf den Längsbalken stürmten die Franzosen auf das nördliche Ufer.

Colorierter Kupferstich von Peronard nach einer Zeichnung von Rocqueplan.

Die zweite Welle bildete die 2. Brigade unter General Rouguet mit dem 69. und 76. Linienregiment.
Diesen Regimentern folgte das 3. Husarenregiment mit Colonel Lebrun und die 10. Chasseurs unter dem Befehl von Oberst Auguste de Colbert, welche von Steinheim anrückten. Den Schluß bildete die Dragoner-Division unter dem Kommando von General Bourcier und Oberst Lefebre-Desnoettes mit insgesamt 1670 Reitern; bestehend aus dem 18., 19. und 25. Regiment.
Die Ney'schen Angriffstruppen hatten eine Gesamtstärke von 8750 Mann (das waren ca. 6250 Mann weniger, wie die verteidigenden Österreicher).
Ney wußte, wie strategisch wichtig an diesem Tag die Oberelchinger Donaubrücke war und daß sein Weg nur über diese führen konnte. Er rechnete mit einer starken österreichischen Gegenwehr. Auch das ständige Ansteigen der – durch den seit Tagen anhaltenden Regen – Hochwasser führenden Donau sah er. Die Zeit drängte also. Noch in der Nacht wurden deshalb beiderseits der Straße Elchingen – Leibi, unmittelbar vor der Donaubrücke (heute Parkplatz der Fa. Hydromatik), elf Geschütze verschiedenen Kalibers in Stellung gebracht. Darunter waren unter anderem fünf Achtpfünder, zwei Vierpfünder und eine 5½zöllige Haubitze. Das Artilleriekommando leitete General Séroux.
Bei der Schlacht von Elchingen hatten die Franzosen 18 und die Österreicher 14 Geschütze im Einsatz.
Die »Grande Armee« führte bekanntlich bis 1802 – abgesehen von ihren sechszölligen Haubitzen – drei Kanonengrößen ins Feld:

Zwölfpfünder vom Kaliber 12,1 cm mit einer Schußweite von 975 bis 1800 m,
Achtpfünder vom Kaliber 10,6 cm mit einer Schußweite von 975 bis 1800 m,
Vierpfünder vom Kaliber 8,4 cm mit einer Schußweite von 880 bis 1600 m.

Kartätschmunition (41 oder 112 Füllkugeln in einem Schuß) wurden in der Regel gegen Infanterie- und Kavallerie-Formationen ab einer Entfernung von 400 m eingesetzt. Nach einer im Jahre 1802 durch den Generalinspekteur der Artillerie Marmont durchgeführten Studie und Normung, wurden für die Neufertigung von Feld- und Belagerungsartillerie nur noch drei Kaliber, 6-, 12- und 24pfündige Kanonen sowie 5½zöllige Haubitzen zugelassen.
Marschall Ney ließ am Montag, dem 14. Oktober 1805, um 8 Uhr morgens, vom südlichen, rechten Donauufer aus, mit der Artillerie das Feuer auf den Feind eröffnen. Auf die Österreicher am Donau-Nordufer und am ca. 400 m entfernten Fischerhaus (welches heute noch erhalten ist) ging ein mörderischer Kugelhagel nieder, wie diese vermutlich – zum erstenmal im Gefecht befindlichen Österreicher – noch keinen erlebt hatten. Ferner wurden die österreichischen Truppen beim Fischerhaus, Heustadel (heute etwa an der Kloster-Apotheke) und im Riedgarten von der Artillerie unter Feuer genommen.
Während des Geschützdonners befahl Marschall Ney, die zur Hälfte abgetragene Holzbrücke, welche über den ca. 60 m breiten Hauptarm der damaligen Donau führte, wieder instand zu setzen. Zu diesem Zweck hatten die Pioniere und Elitekompanien des 6. und 39. Regiments mehrere Häuser in den Ortschaften Nersingen und Leibi abgedeckt, um genügend starke Bretter und Balken für die Erneuerung des Brückenbelages zu haben.
Die Sappeur-, Voltigeur-, Karabiniers-, Grenadier- und Füsilier-Kompanien setzten als erste über die Donau. Die Elchinger Klosterchronik berichtet, daß die Franzosen »mit großem Ungestüm und Schlachtgeschrei« über die Brücke stürmten. Noch während die ersten Elitesoldaten auf den Längsbalken der Brücke zum anderen Ufer hinüberstürmten, befestigte Capitain Coisel, der Adjutant von General Loison, mit Hilfe eines Pioniers die erste Planke; dabei wurde dem tapferen Helfer das Bein von einer Kugel zerschmettert.

Donauübergang der Franzosen. Nach dem Maler Kobell.

Französische Infanterie

Durch dieses vorbildliche Verhalten des Offiziers und Pioniers angespornt, stürmten nunmehr die Elitekompanien des 6. und 39. Regiments vorwärts, und während die einen die Brücke ausbesserten, rannten die anderen auf den Längsbalken hinüber und schwärmten am nördlichen linken Donau-Ufer aus. Sehr schnell konnte die Brücke wieder hergestellt werden, und unerwartet rasch befanden sich die beiden ersten Regimenter auf dem gegenüberliegenden Donau-Ufer.

Hatte FML von Riesch die Donaubrücke zerstört, stärker besetzt, oder durch einen entschlossenen Gegenstoß nur 48 Stunden gehalten, wären ihm die Naturgewalten zu Hilfe gekommen. Zwei Tage später stürzte ein Teil der Donaubrücke durch das Hochwasser ein, und das französische Aufmarschgebiet zwischen Elchingen und Leibi (ca. 3 km) wurde völlig überflutet. Eine »Schlacht bei Elchingen« hätte nicht mehr stattfinden können. Es ist jedoch mit Sicherheit anzunehmen, daß der 1. österreichischen Armee ein ähnliches Schicksal vermutlich nicht erspart geblieben wäre. Das Glück scheint auch hier auf der Seite des Tüchtigeren gestanden zu haben.

Um den Übergang weiterer Truppen zu sichern, bildete das 2. Bataillon des 39. Regiments kurzzeitig einen Brückenkopf. Das 1. Bataillon unter dem Kommando von M. Clavel erhielt den Befehl, in Richtung Unterelchingen zu marschieren und das Kloster Elchingen von Unterelchingen her anzugreifen.

Während des Donauüberganges und als die französische Angriffsspitze in ihren weißblauen Uniformen aus den Donauauen hervorbrachen, wurden sie von der im Tal stehenden österreichischen Artillerie unter Feuer genommen. Es gelang dieser aber nicht, die Donaubrücke, über die laufend neue französische Regimenter und Artillerie strömten, zu treffen.

Schlecht hingegen erging es dem österreichischen Brückenkommando mit nur 55 Blankenstein-Husaren und dem am Fischerhaus stehenden verstärkten Infanteriebataillon Erbach. Was von diesen die französische Artillerie übrig ließ, überwäl-

Die Schlacht von Elchingen. Kupferstich von Johannes Volz.

tigte kurze Zeit später das 6. Regiment. Der fliehende Rest des Bataillons wurde auf der etwa ein Kilometer langen Strecke zum Ort ein Opfer der Geschosse oder Kavalleriesäbel.
General Sérour ließ am Abend in sein Kriegstagebuch folgendes schreiben:

»*Nach den Vorbereitungen der Artillerie wurde das Feuer eröffnet; unter dem Feuerschutz stürmten unsere Truppen in Schlachtreihen vor. Die wenigen Feinde, die wagten, Widerstand zu leisten, wurden in die Flucht geschlagen, getötet oder gefangen genommen. Eine Brigade der 2. Division trat in Bataillonstreffen zum Angriff an, um die Stellung (am Fischerhaus) zu nehmen.*
Währenddessen wurde ein Vierpfünder und eine Haubitze, die mit dem 6. Regiment die Brücke überquert hatten, nach links (Riedgarten) auf zwei feindliche Geschütze gerichtet, die den Bereich, den wir am Brückenaufgang besetzt hatten, von der Seite aus beschossen.«

Bei der französischen Angriffsspitze befand sich auch General Vilatte. Er ließ, nachdem das Fischerhaus vom Feind gesäubert war, und er dadurch freien Blick auf die im Riedgarten und am Heustadel stehenden Österreicher hatte, einen Teil des 2. Bataillons des 6. Regiments – mit Artillerieunterstützung – in Richtung Riedgarten vorgehen, um die dort stehenden vier Geschütze zum Schweigen zu bringen. Das 1. und den Rest des 2. Bataillons setzte er auf den Ort selbst und direkt auf den Klostergarten an. Als die österreichischen Truppen im Tal die Übermacht beziehungsweise die nicht enden wollenden Militärkolonnen auf sich zukommen sahen, ließen sie sich auf keinen Kampf mehr ein und flohen, sofern das noch möglich war, in den Klostergarten oder über die Klostersteige in das Kloster. FML Prinz von Hessen-Homburg und Major Kapler versuchten zwar, die Fliehenden aufzuhalten, hatten damit aber keinen Erfolg. Beide wurden bei dieser Aktion außerdem durch französisches Feuer verwundet.

Obwohl die Österreicher im Tal sechs Geschütze in Stellung hatten, war ihr Erfolg gegen die anstürmenden Franzosen minimal, da sie überhaupt keine Kartätschmunition hatten und später die Munition insgesamt ausging. Die Ursache hierzu lag einfach darin, daß viele Munitionswagen auf dem Marsch der Division von Ulm über Thalfingen entweder in der Donau versunken oder aber im Morast stecken geblieben waren. Außerdem war die am Heustadel eingesetzte Geschützmannschaft sehr bald durch französisches Artilleriefeuer ausgefallen. (Die Verwundeten wurden damals von dem Handelsmann Vidal betreut.)
Nach der Kloster-Chronik konnte man von der Donaubrücke bis zum Ort Leiche an Leiche liegen sehen.
Weniger erfolgreich war das 1. Bataillon des 39. Infanterieregiments, das zusammen mit dem 6. Regiment zur Angriffsspitze zählte. Dieses Bataillon hatte den Auftrag, von Osten (Unterelchingen) her das Kloster anzugreifen. Es marschierte rechts am Fischerhaus vorbei, durch das »Schelmengehölz« und entlang dem »Eichele« nach Unterelchingen zum Klosterweg.
Als sie das Klosterplateau erreichten und einen freien Blick auf die »15 Jauchert« und »Auf den Gräbern« hatten, sahen sie zu ihrem Entsetzen, daß sie der kampfbereiten österreichischen Hauptmacht gegenüberstanden. Ohne Zögern wurden sie von der österreichischen Artillerie unter Feuer genommen und von der Kavallerie attackiert. Sie wehrten erfolgreich zwei Kavallerieattacken und den Angriff von drei Grenadierbataillonen ab. Als die feindliche Übermacht zu groß wurde, blieb ihnen nur noch die Flucht. Um schneller außer Sicht- und Reichweite zu kommen, nahmen sie den steilen Weg über die »Wolfsgrube« und »Halde«. So erreichten sie nach kurzer Zeit wieder das im Donautal liegende Schelmengehölz, wo sie von ihrem 2. Bataillon aufgenommen wurden.
Marschall Ney, der vom Fischerhaus (nahe der Donaubrücke) aus einen kleinen Teil der östlich vom Kloster gelegenen Anhöhe »15 Jauchert« einsehen konnte und dort auch öster-

Elchingen im Jahr 1939

Elchingen seit Jahrhunderten ein weltbekannter Wallfahrtsort. 1805 hatte es ca. 500 Einwohner.

reichische Truppen beobachtete, kannte zu diesem Zeitpunkt noch nicht die Stärke und die Stellungen der Feinde. Durch das zurückgeschlagene 1. Bataillon über die Lage unterrichtet, formiert er seine Truppen vom linken zum rechten Flügel folgendermaßen, wobei der linke Flügel in Oberelchingen und der rechte in Unterelchingen auf dem »Fackelberg« standen:

1. Im Ort Oberelchingen und gegen den Klostergarten mit Klosterhof: das 6. Linienregiment
2. Über die »Halde« östlich der Klostermauer in Richtung »15 Jauchert«: das 69. Linienregiment
3. Über die »Halde« östlich der Klostermauer in Richtung »Wolfsgrube«: das 76. Linienregiment
4. Über die »Halde« in Richtung »Wolfsgrube« und Klosterweg: das 10. Chasseurregiment und 3. Husarenregiment
5. Über den Klosterweg von Unterelchingen in Richtung »Auf den Gräbern«, »Ehbann« und »Kapellenäcker«: das 18. Dragonerregiment und 25. Dragonerregiment
6. Das 39. Linienregiment und das 19. Dragonerregiment bildeten den äußersten rechten Flügel. (Sie marschierten beziehungsweise ritten durch das »Eichele« direkt gegen den linken Flügel der Österreicher auf den »Kapellenäckern« und »Fackelberg« vor.

Zwischenzeitlich hatte auch die Kavallerie-Division Bourcier, die für diese militärische Operation Marschall Ney unterstellt war, die Donau überschritten und ritt mit ihren Kanonen in Richtung Unterelchingen. Sie war eine gut ausgebildete Truppe und bestand aus drei Regimentern mit je 560 Reitern. Außer mit einem kurzen Gewehr waren sie noch mit Pistolen und Säbeln bewaffnet. Ihr Rock war aus grünem Tuch, Weste und Hose waren weiß. Auf dem Kopf trugen sie einen Messing-Helm mit Roßhaarschweif.

Als die Division das »Schelmengehölz« durchritten hatte, bemerkte Oberst Lefevre-Desnoettes, der das 18. Regiment befehligte, die unter dem österreichischen Oberst Biber von Riedheim über Weißingen zurückmarschierenden Truppen südlich von Unterelchingen, in Höhe des heutigen Kieswerkes Daferner.

Die vier österreichischen Infanteriebataillone und zwei Kavallerieeskadronen (ca. 1800 Mann) versuchten, Oberelchingen zu erreichen. Kurz entschlossen ließ Oberst Lefevre-Desnoettes diese Truppen angreifen. Vergebens warfen sich die beiden Eskadronen Hohenzollern-Kürassiere den Franzosen entgegen. In hartem Kampf wurden sie geschlagen und zersprengt. Sodann wurden die dahinter stehenden vier Bataillone Infanterie der Flanke angegriffen und zum größten Teil niedergehauen oder gefangen genommen. Das alles geschah angesichts der auf dem Elchinger Höhenplateau stehenden österreichischen Hauptkräfte, nur fünf Kompanien konnten sich durch Flucht retten und wurden später bei Hausen vom Korps Wernecke aufgenommen. Nachdem dieser Kampf beendet war, bezogen die französischen Kavallerieregimenter ihre befohlenen Gefechtspositionen.

Inzwischen hatte auch FML v. Riesch die Aufstellung seiner Truppe abgeschlossen. Er verstärkte noch den unteren Ortsteil und den Klosterhof um je ein Infanteriebataillon. Die stärkste Truppenkonzentration von 16 Bataillonen und nordöstlich davon »Auf den Gräbern«. Den rechten Flügel bildete ein Karree (eine nach allen Seiten sichernde Formation), das direkt an der Klostermauer Aufstellung genommen hatte. Damit der linke Flügel nicht umgangen werden konnte, wurde er durch die gesamte Reiterei siebeneinhalb Eskadro-

Halde; südlich unterhalb dem Plateau »15 Jauchert«.

Von hier aus eröffnete die französische Artillerie das Feuer auf die Klostermauer.

nen (ca. 420–450 Reiter) unter General Herrmann, abgedeckt. Eine halbe Kavallerie-Batterie fuhr an der Klostermauer auf, während die andere Hälfte dem linken Flügel beigegeben wurde. Als Reserve bezogen zwei Bataillone Infanterie mit zwei Geschützen die Südostspitze des »Großen Forstes« nordwestlich von Oberelchingen.

Als die sechs österreichischen Geschütze im Tal außer Gefecht gebracht waren, vollzog sich der Übergang der restlichen französischen Truppen über die Donau zügig und rasch. Unaufhaltsam, blutig und hart ging es auch beim 1. und 2. Bataillon des 6. Regiments auf breiter Front voran. In der Thalfinger Straße, Postgasse und Klostersteige sowie in allen übrigen Gassen hatten sich die Österreicher verschanzt. Jedes Haus und jeder Garten war umkämpft; furchtbar wütete der Straßen- und Häuserkampf und fortgesetzt bliesen die Hornisten mit ihren Hörnern, die einen charakteristischen scharfen Klang hatten, zum Angriff und zum Kampf. Traditionsgemäß wurde von jedem Regiment auch die Regimentsfahne und Standarte mitgeführt, die an diesem Tag im kühlen Herbstwind flatterten. Mit gezogenen Degen ritten die Offiziere an der Spitze ihrer Truppen und feuerten sie mit Rufen wie »En Avant!«, »Vive l'Empereur!« und »Vive la France!« zu begeistertem Vorwärtsstürmen an.

Obwohl die Franzosen im oberen Teil der Klostersteige (Vidal-Martinstor) zweimal zurückgeschlagen wurden, war es ihnen zwischenzeitlich jedoch gelungen, an der Taverne (heute Gasthaus »Zur Krone«) Artillerie in Stellung zu bringen und die Österreicher im oberen Teil unter Feuer zu nehmen. Mit viel Tapferkeit und hartem Einsatz gelang es dem 6. Regiment, den Ort Elchingen unter Kontrolle zu bringen.

Im Klostergarten, der an einem zur Donau steil abfallenden Hang lag und ringsum mit einer etwa 1,5 bis 1,8 m hohen Mauer umfaßt war, hatten sich inzwischen zusätzliche Reste von zwei bis drei österreichischen Bataillonen (ca. 1000 Mann) versammelt. Von der französischen Artillerie unter Feuer genommen, wurden die schutzlos im Klostergarten stehenden österreichischen Infanteristen reihenweise niedergemäht. Nur die hinter der unteren Mauer Deckung suchenden Soldaten hatten anfangs einen Vorteil; nach kurzer Zeit wurde auch diese unter Beschuß genommen und mehrere Breschen hineingeschossen. Durch diese Breschen hindurch stürmte sodann das 1. Bataillon des 6. Regiments, während die Österreicher vergeblich versuchten, schnell noch den über dem Klostergarten gelegenen Klosterhof zu erreichen. Nachdem sie größtenteils ihre 40-Schuß-Ration verschossen hatten, wehrten sich die jungen, schlecht ausgebildeten Österreicher mit dem letzten Mut der Verzweiflung mit Bajonett und Gewehrkolben. Dabei mußten fast alle Österreicher und eine große Anzahl Franzosen ihr Leben lassen.

Wer von den Österreichern noch in der Lage war, zog sich vom Klostergarten durch das Verbindungstor in den Klosterhof zurück. Doch auch diesen vermochten die Verteidiger nicht lange zu halten.

Um in den mit einer ca. zwei bis drei Meter hohen Mauer umgebenden Klosterhof zu gelangen, ließ nämlich Marschall Ney die in der »Halde« aufgefahrene Artillerie an der Südostecke des Klosterhofes ein großes Loch in die Mauer schießen und die sich im Klosterhof befindlichen Feinde mit Kartätschfeuer überschütten. Durch vorgenannte Öffnung, die heute noch erkennbar ist und als »Ney-Loch« bezeichnet wird, stürmten sodann wiederum die Grenadiere vom 1. Bataillon des 6. Regiments in den Klosterhof. Die Österreicher wehrten sich auch hier verzweifelt und mit allen Mitteln; von beiden Seiten wurde mit Gewehrkolben und Bajonetten aufeinander eingeschlagen. Im Nahkampf, Mann gegen Mann, trieben die Franzosen ihre Feinde schließlich in die Flucht, und zahlreiche Tote und Verwundete bedeckten auch diesen Kampfplatz. Die Klosterchronik berichtete darüber:

Die Österreicher wehrten sich wie die Löwen. Als sie kein Pulver mehr hatten, gingen sie wutschnaubend mit gefälltem Bajonett auf den Feind los und schlugen mit den

Das »Ney-Loch« an der Südostseite des Klosterhofes.

Marschall Ney ließ in die Klostermauer ein Loch schießen, damit seine Soldaten in den Klosterhof stürmen konnten.

Oberelchingen; Klostersteige mit Martinstor.

Eingang zum Klosterhof. Einst Unterkunft für Schneider, Schuster und das Klostermilitär.

Kolben wie mit Keulen um sich, bis ihre Gewehre an den französischen Schädeln zerschmettert waren. Nach der Schlacht fand man unter 1000 Musketen keine 50 unbeschädigte.

Unter größter Kraftanstrengung zogen nunmehr die Franzosen des 2. Bataillons mehrere Geschütze die beschwerliche und steile Klostersteige hinauf und brachten diese im Klosterhof beim Martinstor in Stellung. Innerhalb kürzester Zeit eröffneten die Kanoniere ein starkes Feuer gegen das Kloster. Unter donnerndem Getöse schlugen die Geschosse mit außerordentlicher Wirksamkeit im Klosterhof und in den Klostergebäuden ein. Einige Kanonenkugeln flogen auch in die Kirche und zerschmetterten dabei den Sakristeikasten. Im Konventgebäude wurde der mittlere Tragbalken getroffen; die darin versammelten und betenden Geistlichen und Dorfbewohner standen dabei schreckliche Todesängste aus. Unersetzbare Schätze an Kunstgegenständen wurden ein Raub der Flammen oder durch einstürzende Gebäude vernichtet. Auf dem gesamten Kampfgelände ballten sich weißgraue Rauchwolken zusammen, und Flammen schlugen aus den in Brand geschossenen Gebäuden. Die Reste der zurückweichenden Österreicher versuchten, sich in Richtung Ziegelei und »Großer Forst« zu retten, doch das französische Kartätschfeuer riß große Lücken in ihre Formationen. Manch stattlichem, jungen Grenadier ist so der sonst friedliche, heilige Berg zur Sterbestätte geworden.

Während das 6. Regiment voll im Einsatz war und den Ort und den Klostergarten eroberte, informierte sich Marschall Ney mit seinem Stab über die Elchinger Anhöhe; das kommende Schlachtfeld. Er stellte dabei fest, daß es sich hier um keine »Ebene«, sondern um ein Gelände mit starken Bodenwellen handelt, das zumindest vom Angreifer schlecht, dafür aber vom Verteidiger um so besser übersehen werden konnte. Nur vom »Fackelberg« aus war es ganz überschaubar. Außerdem interessierten ihn die feindlichen Stellungen und deren Ausrüstungen.

Es gehörte viel Mut dazu, einen Gegner, der wesentlich stärker war und außerdem alle Geländevorteile für sich in Anspruch nehmen durfte, anzugreifen. Eine solche Entscheidung war auch in späteren Jahren typisch für Marschall Ney. Er kannte seine gut ausgebildeten und trainierten Truppen und wußte, wie tapfer sie kämpfen konnten. Alle Regimenter hatten inzwischen die befohlenen Ausgangsstellungen bezogen. Schwierigkeiten bereitete es, die Artillerie in günstige Stellungen zu bringen und die schweren Munitionswagen den damals unwegsamen Berg hinaufzutransportieren. Marschall Ney hatte den Plan gefaßt, seinen Hauptangriff zunächst gegen den feindlichen linken Flügel (auf dem Fackelberg) zu führen, um dadurch österreichische Reserve dorthin zu ziehen. Dann wollte er mit seinem linken Flügel (auf den »15 Jauchert«) einen Vorstoß machen, um den Österreichern die Verbindung nach Ulm abzuschneiden.

Nachdem die Vorbereitungen abgeschlossen waren, gab Ney das Signal zum Angriff. Die Voltigeure und Plänker, die während der ganzen Vorbereitungszeit den Feind beunruhigten, wurden zurückgezogen. Jedes Regiment führte seine Fahnen und seine Standarten mit, außerdem hatte jedes Schlachttrompeter. Mit wehenden Fahnen und Standarten und unter dem grellen Ton der Trompeter und Hornisten griffen die Franzosen in Regimentskolonnen an. Während die Infanterie und Kavallerie vorrückte, blieben die Kanonen zurück. Mit diesen wurde das Feuer eröffnet. Nachdem sie sich dem Gegner bis auf ca. 100 m genähert hatten, blieben sie stehen und eröffneten das Gewehrfeuer. Ohrenbetäubende Gewehrsalven aus tausend Gewehren krachten über den sonst so ehrwürdigen Berg und waren viele Kilometer – bestimmt auch bis nach Ulm – zu hören. Tausendfaches Echo hallte von den umliegenden Bergen und Wäldern zurück. Reihenweise sanken auf beiden Seiten die Verwundeten und Sterbenden zu Boden. Jeder Quadratmeter dieser Fluren wurde mit Blut getränkt. Stürmische Attacken ritten die Kavalleristen; wo sie auftauchten, hatte die Infanterie keinen leichten Stand.

Seit Stunden tobte nun schon der Kampf, und Ney versuchte immer wieder, mit seinem rechten Flügel den Gegner zu umfassen, was ihm aber viermal von General Herrmann und seiner tapferen Kavallerie verwehrt wurde. Beim vierten Versuch gerieten sogar zwei Kompanien Infanterie in österreichische Gefangenschaft. Erst ein weiterer Einsatz mit den 19. Dragoner brachte den Durchbruch. General Herrmann selbst sowie die Oberstleuntnante Auerhammer und Colleti wurden dabei mit einer großen Anzahl Reiter gefangengenommen. In der Mitte des Schlachtfeldes, welches auf den Feldern lag, die sinnigerweise den Flurnamen »Auf den Gräbern« hatten, sah Ney keine Durchstoßmöglichkeit. Außergewöhnlich tapfer schlug sich sein linker Flügel, unter dem Kommando von General Roguet, Colonnel Brun und La Jonquière, mit dem 69. und 76. Linienregiment. Trotz hartnäckiger Gegenwehr der Österreicher auf den »15 Jauchert« konnten diese Regimenter dort Fuß fassen.

Nachdem Ney hier eine Erfolgschance sah, verstärkte er das 69. und 76. Linienregiment mit den 10. Chasseurs und den 3. Husaren. Da diese jedoch das österreichische Karree vergeblich anritten, holte er zusätzlich noch das 18. Dragonerregiment unter Oberst Lefevre-Desnoettes herbei. Unter der so gesteigerten Feuerkraft brach dann das österreichische Karree mit 4000 Mann zusammen. Damit war der Weg frei, die Österreicher entlang der ostwärtigen Klostermauer von hinten zu umfassen. Um die Verbindung zum angeblich abrückenden österreichischen Hauptheer auf der Straße Ulm–Heidenheim–Böhmen zu halten, hatte FML von Riesch zu Beginn der Kampfhandlungen das Infanterieregiment Riese nach dem ca. 5 km entfernten Albeck entsandt. Aufgrund des Gefechtes vom Morgen wußte er, daß sich in Langenau feindliche Truppen befinden (Vorhut von der 1. Division Dupont). Um die Mittagszeit erhält er von Albeck die Meldung, daß sich feindliche Kolonnen dem Ort nähern (es war das 19. französische Dragonerregiment, welches die in Richtung Nerenstetten fliehenden österreichische Kavallerie verfolge). FML v. Riesch glaubte, daß französische Kräfte ihn von Ulm und dem Hauptheer abzuschneiden drohten. Außerdem wurde ihm gemeldet, daß seine Truppen auf ganzer Front geworfen waren und die Franzosen über die Donaubrücke fortwährend Verstärkung nachführten (3. Division Malher) deshalb befahl er gegen 13 Uhr den Rückzug auf Ulm, wobei die französischen Verbände erfolgreich nachsetzten.

FML von Riesch begründete später – vor einem österreichischen Kriegsgericht – seine Entscheidung folgendermaßen:

»Da ich nun auf meiner linken Flanke gänzlich überflügelt war, und der Feind sich da befand, von woher ich nach der Disposition Unterstützung hätte erwarten sollen, so wollte ich es nicht darauf ankommen lassen, durch einen nunmehr zwecklosen Widerstand auch gegen Thalfingen tourniert und endlich ganz eingeschlossen zu werden.«

Zwischenzeitlich und zwar nach 11 Uhr, war auch Neys 3. Division unter General Malher, von Burlafingen und Fahlheim kommend, über die Donaubrücke von Oberelchingen gegangen und hatte im Riedgarten und auf der Thalfinger Straße Aufstellung genommen. Nachdem Ney sah, daß die 2. Division Loison mit dem Gegner allein fertig wird, ließ er die 3. Division mit ca. 7000 Mann in Oberelchingen nicht mehr in den Kampf eingreifen. (Anmerkung: Experten halten das für eine Fehlentscheidung und meinen: Hätte Ney die 3. Division über die Klostersteige oder Heusteige in den Rücken des Feindes befohlen, wäre der Kampf früher, zum Vorteil der Franzosen, beendet worden und alle noch lebenden Österreicher hätten den Weg in die Gefangenschaft antreten müssen.) Marschall Ney gab General Malher den Befehl, an den linken Flügel der 2. Division Loison anzuschließen und nach Thalfingen abzurücken. Diese Entscheidung war typisch für Marschall Ney.

Er wollte, daß sich die 2. Division Loison »mit Ruhm bedecken konnte«, darunter verstand er, einen zahlenmäßig überle-

Das Schlachtfeld »15 Jauchert« mit leichtem Schnee
So war die Situation am 14. Oktober 1805.

Das auf diesen Feldern stehende österreichische Karree mit ca. 4000 Mann, wurde von der französischen Kavallerie und Infanterie aufgetrieben.

genen Feind anzugreifen und zu besiegen. Nach dem Rückzugsbefehl von FML v. Riesch teilten sich die Österreicher in zwei Gruppen, wobei zu beachten ist, daß ein großer Teil der österreichischen Kavallerie schon vorher bereits in Richtung Nerenstetten abgedrängt und verfolgt worden war. Die erste Gruppe trat südlich vom »Großen Forst« über Kesselbronn–Unterhaslach den Rückzug nach Ulm an. Diese wurde von der Brigade Vilatte mit dem 6. und 39. Regiment verfolgt und als Kavallerie waren die 3. Husaren und 10. Chasseurs dabei. Die zweite Gruppe bewegte sich nördlich des »Großen Forstes« in Richtung »Langer Mantel«–Seligweiler–Oberhaslach–Jungingen. Ihr Verfolger war die Brigade Roguet mit dem 69. und 76. Regiment und als Kavallerie folgten später das 18. und 25. Dragonerregiment, die vorher noch in Albeck das Regiment Riese und Rest der Vorhut von General Mecsery schlagen bzw. in Richtung Langenau–Giengen abdrängen wollten.

In Karreeformationen trat jede österreichische Gruppe den Rückzug an. Anfangs erhielten sie dabei durch die in der Südostspitze des »Großen Forstes« stehende österreichische Reserve Feuerschutz. Immer wieder bliesen die Hornisten zum Angriff und laufend wurden die Österreicher sowohl von der verfolgenden Infanterie als auch von der Kavallerie bekämpft. Ganz besonders durch die Kavallerie mußten sie, ohne sich besonders wehren zu können, immer wieder Verluste hinnehmen. Die Österreicher der ersten Gruppe versuchten, sich in Kesselbronn besonders zu verteidigen, wurden aber durch die Franzosen auf das offene Feld südlich von Unterhaslach getrieben, wo später unmittelbar vor Ulm die Verfolgung dieser Gruppen endete. Die zweite Gruppe hatte bis zum Erreichen der Heidenheimer Straße bei Seligweiler (Heute: Autobahnausfahrt Ulm-Ost) schwere Verluste hinnehmen müssen. Zwischen Seligweiler und Oberhaslach wurden die Franzosen von der österreichischen Kavallerie später noch einmal angegriffen, die in einem erbitterten, letzten Versuch ihrer Infanterie beistehen wollte. Die französische Infanterie bildete aber sofort ein Karree und schlug den Angriff der österreichischen Kavallerie ab. In diesem Augenblick kamen die 18. Dragoner unter Oberst Lefevre-Desnoettes mit den 25. Dragoner und vier Geschützen an gleicher Stelle an und hieben auf die Fliehenden ein. Sie nahmen außerdem die dahinterstehende Infanterie unter Artilleriefeuer und zersprengten dadurch die österreichischen Infanterieregimenter Erbach und Auersperg, von denen sich ein großer Teil in französische Gefangenschaft begeben mußte. Die Verfolgung dehnte sich noch bis Jungingen aus, wo Ney bei einbrechender Nacht den Befehl gab, den Kampf einzustellen.

(Oberst Lefevre-Desnoettes wurde später General. Nach der Schlacht von Waterloo verließ er Frankreich und emigrierte nach Amerika. Auf der späteren Rückreise ging das Schiff unter und der General erlitt den Seemannstod.)

Da vor der Schlacht jeder Infanterist nur eine begrenzte Anzahl von Munition erhalten hatte (die Österreicher 40 und die Franzosen 50 Schuß), war anzunehmen, daß die Österreicher gegen Ende der Schlacht keine Munition mehr hatten. Ein geübter Schütze gab in der Minute zwei Schuß ab. Es ist deshalb zu vermuten, daß der flüchtenden österreichischen Truppe als Waffe nur noch der Gewehrkolben, das Bajonett oder der Säbel geblieben waren. Die Verluste der Österreicher betrugen ca. 4000 Tote, die der Franzosen etwa 3000. Ungefähr 4500 Österreicher mußten den Weg in die französische Gefangenschaft antreten. Von 15 000 Mann erreichten nur noch 2500 abends die Festung Ulm. Viele tapfere Krieger, Gefallene und Verwundete – Österreicher und Franzosen, Offiziere und Mannschaften – bedeckten von der Donaubrücke über Oberelchingen entlang dem »Großen Forst« bis Jungingen das blutgetränkte Schlachtfeld. Zahlreiche zusammengeschossene Pferde und Fahrzeuge lagen überall im Gelände umher. Weithin blinkten Kürasse, Helme und Waffen aller Art und gaben Zeugnis von den schweren blutigen Kämpfen.

Die Schlacht bei Elchingen. Sepia-Zeichnung von Lorenz Rugendas.

Interessant ist, daß Marschall Ney seine siegreichen Truppen, welche am 14. abends in Thalfingen, Haslach und Jungingen standen, nach Elchingen und Albeck zurückzog. Er selbst übernachtete im Kloster Elchingen mit General Loison. Eine große Siegerstimmung kam bei beiden nicht auf. Loison klagte, daß seine Truppen übermüdet, durchnäßt und schon drei Tage ohne Brot seien; der Munitionsnachschub fehle und von der 1. Division Dupont liege keine neue Information vor. Beide waren etwas traurig gestimmt und waren sich über ihren entscheidenden Sieg – zu diesem Zeitpunkt – nicht im klaren. Die »Schlacht von Elchingen« leitete die Kapitulation der 1. österreichischen Armee in Ulm ein und gab den Weg zu einer Entscheidungsschlacht gegen die Russen und Österreicher bei Austerlitz frei.

Das schwere Gefecht bei Elchingen mit dem fast unglaublichen Erfolg von Marschall Ney hatte seine Grundlagen in der besseren Moral der Soldaten, dem persönlichen, mitreißenden Vorbild der Offiziere und der Artillerieüberlegenheit an Geschützen und Kartätschmunition.

Napoleon hat später diese militärische Glanzleistung damit belohnt, daß er im Mai 1808 Marschall Ney zum »Duc d' Elchingen« (Herzog von Elchingen) ernannte. Er sagte dabei *»N' est-ce pas un honneur d' estre le Duc d' une sie jolie place?«* Das heißt: »Ist es nicht eine Ehre, Herzog eines so schönen Ortes zu sein?«

(Napoleon schuf während seiner Kaiserzeit dreißig Herzog- und Fürstentitel, deren Inhaber die höchsten Stellen im Staate und in der Armee einnahmen, doch häufig unbedeutende, meist italienische Ortsnamen wiederholten. In der Regel klingen sie in der französischen Sprache gut, wobei Elchingen eine Ausnahme bildet und für einen Franzosen – nicht für Ney, dessen Muttersprache deutsch war – fast unaussprechlich ist.)

Ausschlaggebend für die Niederlage von FML v. Riesch waren:

1. Die Nichtausführung des Auftrages, die Brücke zu zerstören.
2. Die schwache Sicherung an der Donaubrücke.
3. Kein entschlossener Gegenstoß an der Brücke während des Übersetzens der Angriffsspitze.
4. Mangelhafte Erkundung des Marschweges entlang der Donau, so daß Teile der Artillerie, einschließlich der Munition, während der Schlacht nicht genügend zur Verfügung standen.

Von schwerwiegender Bedeutung aber war der Rückzug nach Ulm. Riesch wußte das Korps Werneck im Nordosten von Ulm auf der Straße nach Heidenheim–Aalen. Die Korps Riesch und Werneck zusammen hätten Napoleon große Schwierigkeiten machen und vermutlich die Einschließung von Ulm verhindern können.

Wo die bei der »Schlacht von Elchingen« Gefallenen beerdigt wurden, war schwer zu ermitteln. Es gibt darüber wenig konkrete Aussagen. Aus den verschiedenen mündlichen Überlieferungen, schriftlichen Dokumenten und Chroniken geht folgendes hervor:

1. Die beim Donau-Übergang und dessen Verteidigung Gefallenen wurden in die Donau geworfen.
2. Ca. 1700 Österreicher, welche zwischen dem Fischerhaus, Klostergarten und Unterdorf gefallen waren, wurden in Massengräber im Donaugehau, ca. 200–300 m nördlich der heutigen Donaubrücke, beerdigt.
3. Die meisten Toten lagen im Klostergarten, Klosterhof und auf den »15 Jauchert«; diese wurden im Klostergarten »unterhalb dem früheren Klosterpavillon an der Stelle, wo der Berg am steilsten ist »in einem großen Weiher, »welcher ganz mit Toten aufgefüllt und mit Erde zugedeckt wurde«, beerdigt.
4. Andere, welche außer vorgenannten Stellen fielen, wurden dort beerdigt, wo sie gefallen sind.
5. Viele Tote wurden auf dem Friedhof in Jungingen beerdigt.

Überblick über das Schlachtfeld.
Im Hintergrund die Kirche und die Klosterbräu-Stuben.

Die Frontlinie verlief am 14. Oktober 1805 von der Klosterkirche aus in nordöstlicher Richtung.

Napoleon am 14. Oktober 1805

6. Das 19. französische Dragonerregiment sammelte nach der Schlacht seine Gefallenen und beerdigte diese auf dem Friedhof vom Nachbarort Göttingen.

Die in Gefangenschaft geratenen Österreicher wurden im Garten vom damaligen Benedikt Benz (heute das Gelände zwischen der Klosterapotheke und dem Lebensmittelgeschäft Schmucker-Knecht) eingesperrt und bewacht. Am 21. Oktober 1805 verließen sie mit dem Napoleonkonvoi Oberelchingen in Richtung Burgau–München.

Während sich FML v. Mack am 14. Oktober 1805 in Ulm aufhielt und den Kanonendonner aus der Ferne hörte, befand sich Kaiser Napoleon (von Oberfahlheim kommend, wo er im Pfarrhaus übernachtete) im Morgengrauen in Offenhausen. Dort gab er dem V. Korps Lannes den Befehl, die in Neu-Ulm stehenden Österreicher über die Donau in die Stadt Ulm zurückzudrängen. Im Galopp ritt er dann über den heute noch vorhandenen Klosterweg von Burlafingen zur Elchinger Brücke, wo er gerade in dem Augenblick eintraf, in dem das 39. und 6. Regiment mit seinen Elite-Kompanien das linke Donau-Ufer gestürmt hatten und das 69. und 76. Linienregiment der 2. Brigade Roguét übersetzten. Es war etwa 9 Uhr vormittags. Nur mit viel Mühe konnte sich Napoleon durch die über die Donaubrücke drängenden Truppen vorwärts bewegen. Laufend hielt er an, um für die Begeisterungsrufe der vorwärtsstürmenden Soldaten und der am Straßenrand stehenden und liegenden Verwundeten zu danken. Unter Letzteren befand sich auch ein Artillerist, dem eine Kugel den Schenkel zerschmettert hatte. Napoleon bemerkte ihn, ging, dabei den Stern der Ehrenlegion von seiner Brust lösend, auf den Verwundeten zu und legte diesem die Auszeichnung mit den Worten in die Hände: »Da nimm, er gehört Dir ebenso, wie ein Platz im Invalidenhaus. Tröste Dich, dort wirst Du glücklich leben«. »Nein, Nein«, antwortete der Soldat, »der Blutverlust war zu stark. Aber das ist gleichgültig: Vive l'Empereur!« (Es lebe der Kaiser.)

Als er zusammen mit seinem Stab vom Fischerhaus aus auf den Elchinger Höhen »15 Jauchert« den Sieg für sich entscheiden sah, schickte er den General Mouton nach Albeck, um sich über die angeschlagene 1. Division Dupont zu informieren. Dupont stand nämlich zu diesem Zeitpunkt immer noch in Brenz, das er erst am 15. Oktober verließ. Sodann galoppierten Napoleon und sein Stab nach Offenhausen zurück, wo er vom »Schlößle« aus den Angriff des V. Korps Lannes beobachtete, dessen Division Gazan auf dem Kapellenberg in Schlachtordnung aufmarschiert war und gegen die Österrei-

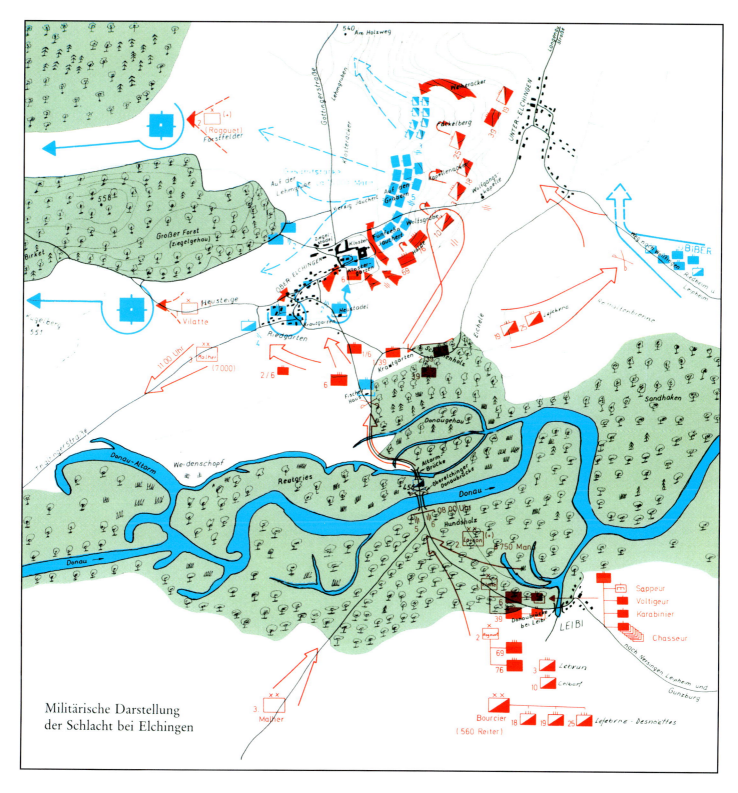

Militärische Darstellung der Schlacht bei Elchingen

cher vorrückte. Der Kampf dauerte von 14 bis 17 Uhr und auch hier wurden die Österreicher unter Verlusten in die Stadt Ulm zurückgedrängt. Erst kurz vor Einbruch der Nacht kam Napoleon völlig durchnäßt in das Pfarrhaus von Oberfahlheim zurück, wo ihm einer seiner Adjutanten ein Omelett bereitete.

Nach Sichtung der eingegangenen Meldungen gab er am 14. Oktober um 21 Uhr folgende Befehle, die sofort durch seinen Kriegsminister und Generalstabschef Berthier den Korps zugestellt wurden:

1. General Gazan läßt noch in dieser Nacht die Brücken bei Elchingen und Thalfingen instandsetzen.
   (Anmerkung: Nachdem die Thalfinger Brücke restlos zerstört war, konnte dieser Befehl nicht durchgeführt werden, weshalb die Truppe am nächsten Tag den Umweg über die Elchinger Brücke nahm.)
2. Marschall Lannes überschreitet morgen bei Tagesanbruch mit den drei Divisionen Oudinet, Gazan und Suchet (letztere Division vom IV. Korps Soult abkommandiert) und der gesamten leichten Kavallerie die Brücken bei Elchingen und Thalfingen. Lannes rückt mit seinen Truppen in die Stellungen des Marschall Ney bei Oberelchingen und Albeck ein.
3. General Klein folgt mit seiner Division eine Stunde vor Tagesanbruch den Truppen des Marschalls Lannes.
4. General Nasouty tritt mit seiner Kürassier-Division um die gleiche Zeit den Marsch nach der Abtei Elchingen an. Die Garde unter General Besiers folgt der Kürassier-Division eben dahin.
5. Um 8 Uhr morgens haben die Truppen ihre Versammlung auf dem linken Ufer beendet.
6. Die Dragoner-Division Beaumont hat etwaige Bewegungen des Feindes südlich der Donau aufzuhalten und zu stören.
7. Marschall Marmont hat sein II. Korps mit Tagesanbruch bei der Abtei Wiblingen zu versammeln und marschiert nach dem Kapellenberg bei Pfuhl, wo er mit der Division Beaumont Verbindung aufnimmt. Marmont hat gemeinsam mit Beaumont durch eine Stellung bei Pfuhl den Gegner in Ulm festzuhalten und die Brücke bei Elchingen und Thalfingen unter allen Umständen zu verteidigen.
8. Sollten die Österreicher versuchen, in der Nacht aus Ulm abzuziehen, so ist dies dem Kaiser unverzüglich zu melden.
9. Meldungen treffen den Kaiser in der Nacht im Pfarrhaus in Oberfahlheim, mit Tagesanbruch in der Abtei Elchingen.

Diese kurzen und klaren Befehle waren für Kaiser Napoleon charakteristisch. Er behandelte seine Marschälle hart und verlangte blinden Gehorsam. Überhaupt duldete er bei seinen Untergebenen nicht die geringste Diskussion über seine Anordnungen. »Ich allein weiß, was ich tun muß«, pflegte er zu sagen. Bis auf wenige Ausnahmen waren alle großen Heerführer des Kaiserreiches (die er mit Reichtum überschüttete) zu dieser Unterwerfung bereit.

Die Elchinger während und nach der Schlacht

Mit den ersten Kanonenschüssen, morgens um 8 Uhr, war den Oberelchingern klar, daß dies ein schrecklicher Tag für sie werden würde. Im Ort 15 000 Österreicher und an der Donau angreifende Franzosen, das konnte nur Schlimmes bedeuten. Seit Jahrhunderten war für sie das Kloster immer noch die einzige, halbwegs sichere Zufluchtsstätte gewesen. Obwohl sich einige bei der Säkularisation den Geistlichen gegenüber nicht fein benommen hatten, strömten alle wieder zum Kloster, welches an diesem Tage letztmalig seinen jahrhundertalten Glanz ausstrahlte. In aller Eile wurden die wertvollsten Habseligkeiten zusammengepackt, Kranke und gebrechliche Leute auf Schubkarren und Ähnliches geladen und die aufgeweichte Klostersteige zum Kloster hinaufgefahren. Nachdem der Ort zeitweise auch unter Artilleriebeschuß gelegen hat, kann man sich die Eile und Todesangst der Oberelchinger (oder besser gesagt, der »Thaler«, wie sie damals hießen) vorstellen. Jeder versuchte so schnell wie möglich ins Kloster zu kommen.

Im Kloster angekommen, hatte der 67jährige Abt Robert II Plersch alle Mühe, seine ihm wohlbekannten Schäfchen zur Ruhe zu bringen. Er versammelte sie in der Kirche und im angrenzenden Konventgebäude, wo unter Aussetzung des Allerheiligsten alle zu Gott um Gnade und Barmherzigkeit beteten. Eine weitere Steigerung ihrer Angst um Leib und Leben erfuhren die Oberelchinger, als in unmittelbarer Nachbarschaft auf den »15 Jauchert«, der Kampf eröffnet wurde. Laufend schlugen auch Artilleriegeschosse ein. Immer wieder stürzten Gebäude zusammen und wurden Oberelchinger verletzt. Vor lauter Kanonenschüssen und Gewehrsalven hörten sie oft ihr eigenes Gebet nicht mehr. Jeder wußte, daß jeden Augenblick er der nächste Sterbende sein könnte. Als gegen 13 Uhr der Schlachtenlärm nachließ, atmeten alle erleichtert auf. Sie erfuhren, daß FML v. Riesch, der sich zeitweise im Konventgebäude aufgehalten hatte, den Befehl zum Rückzug nach Ulm gegeben hatte. Langsam löste sich die Spannung und die Ersten zogen in ihre Häuser zurück.

Doch welch ein Anblick des Grauens, als sie die Kirche verließen. Überall lagen Tote und Verwundete umher. Dieses traurige Bild zeigte sich vom Klosterhof bis zum Riedgarten. Einige Häuser brannten, viele waren durch den Häuserkampf beschädigt.

Während die siegreiche 2. Division Loison zwischen 13 und 14 Uhr den Ort verließ, zog bereits die Vorhut des V. Korps von Marschall Lannes, von Finningen und Holzheim kommend, in Oberelchingen ein. Durch die vielen Einquartierungen der letzten Monate waren beinahe sämtliche Lebensmittel aufgezehrt und viele Haustiere geschlachtet. Die Soldaten, die seit Tagen keinen Bissen Brot hatten, suchten überall nach Eßbarem, wobei sie mit der Bevölkerung nicht zimperlich umgingen.

Während der ganzen Nacht waren von überall her die Schreie der Schwerverwundeten und Sterbenden zu hören.

Der an diesem Tag erfolgte Besuch von Kaiser Napoleon war für die Oberelchinger sicher eine hohe Ehre, Freude bereitete der Gast aber erst, als er am 21. Oktober 1805 mit seinen Truppen wieder abzog.

Pfarrer und Chronist Baumgartner aus Thalfingen schrieb damals folgendes:

18. Oktober:
Diese Tage hindurch waren nichts als Tumult, Rauben, Plündern, Türen und Kästen zerschlagen, die Leute quälen, das Vieh schlachten. Während diesen drei Tagen wurden von den Franzosen 86 Stück Rindvieh, bei hundert Schwein, alle Gänse, Hennen, Tauben geschlachtet und zu diesem muß noch 20 Stück Rindvieh in das Lager bei Ulm abgeliefert werden. Auch muß ich noch bemerken, daß die meisten Leute um all ihr Holz gekommen, manche ihre ungedroschenen Früchte und Heu eingebüßt haben. Kurz, der Jammer und das Elend war beinahe grenzenlos.
Nun hat sich Ulm ergeben, über 20 000 Österreicher wur-

den Kriegsgefangene. Nun hofften wir, wir würden vom Plündern frei sein, allein es dauerte noch vier ganze Tage fort, so daß manche Häuser ganz leer standen. Indessen litt ich außer dem Schrecken nichts von der Plünderung mehr in meinem Pfarrhause.
Feldmarschall Ney gab mir eine Salva Quardis (Wachposten), die auch ihre Dienste gut machte und jeden Anfall von meinem Haus wegleitete. Ich mußte ihm täglich nebst Kost 42 Kreuzer geben. Er ward bei mir beinahe 4 Monate, er hieß Fedrich Simon. Doch der Schaden, den ich durch Plündern erlitt, beläuft sich gering berechnet auf 190 Gulden.

19. Oktober
Heute um 9 Uhr gerieten auf einem Pulverwagen einige Kanonenpatronen im Hofe des Höllbauers, neben der Kirche, in Feuer. Der Höllbauer, Georg Adä, sein Weib, seine zwei kleinen Töchterlein, die Magd Theresia Kalteisen wurden erbärmlich an Händen und im Gesicht verbrannt, so daß sie mehrere Wochen zur Heilung brauchten. Das kleine Töchterlein starb noch am gleichen Tag, weil es am ganzen Leib verbrannt war. Das andere wurde mit vieler Mühe und nach langer Zeit geheilt. General Mack, dieser elende Mann, machte heute zu Elchingen dem Bonaparte eine Visite. Napoleon soll ihm aber nur mit Verachtung begegnet sein.

20. Oktober
war Kirchweih, die traurigste und ärmste, die je gehalten worden ist, denn es konnte der Franzosen wegen nur eine stille Messe gelesen werden und niemand hatte etwas zu essen. Um 12 Uhr mittags zog Napoleon mit seiner Garde über den Kugelberg hier durch nach Ulm, um die Stadt zu übernehmen. Abends 7 Uhr kehrte er wieder hier durch nach Elchingen zurück. In Elchingen brannte am nämlichen aus Unvorsichtigkeit der kaiserlichen Gefangenen die Hälfte des Heustadels und am 21. das Haus des Benedikt Ruchti durch die Franzosen ab. Letzterer bekam 952 Fl. Entschädigung.

21. Oktober
um 12 Uhr zog Napoleon mit 12 000 Mann Bedeckung von Elchingen ab und Augsburg zu. Dieser Abzug war sehr glänzend. Nachdem seit 10 Tagen kein öffentlicher Gottesdienst mehr gehalten noch geläutet worden war, ließ der Pfarrer am 23. Oktober wieder das erste Mal läuten.
Am 24. und 25. wurden die Blessierten von Elchingen nach Ulm abgeführt ins Lazarett, es waren 646 Mann.
Am 3. November wurden 200 Laib Kommißbrot unter die hiesigen Einwohner verteilt; auch mußte in diesem Monat der Kriegsschaden an das königliche Landgericht Elchingen eingeschickt werden.
Am 4. Dezember kam die französische Kaiserin nach Ulm. Dieses große Unglücksjahr für Thalfingen schloß mit nasser Witterung und vielen Kranken.

Erzherzog Ferdinand verläßt seine Armee und Ulm

Erzherzog Ferdinand, der die Umklammerung der Stadt Ulm durch die Franzosen vorausgesehen hatte, verließ am Abend des 14. Oktober 1805 Ulm. Er wurde von FML Fürst von Schwarzenberg mit zwölf Eskadronen (ca. 2000 Reiter) begleitet. Der einzige noch mögliche Fluchtweg führte über Dornstadt nach Geislingen.
Erzherzog Ferdinand und Fürst von Schwarzenberg hatten vergeblich versucht, FML v. Mack zur rechtzeitigen Räumung von Ulm und zum schnellen Rückzug der Armee nach Österreich zu bewegen. Doch Mack ließ sich von seiner »Überzeugung«, Napoleon wäre auf dem Rückzug nach Frankreich, immer noch nicht abbringen, und dies selbst dann noch nicht, als bereits der Geschützdonner der verlorengehenden Schlacht von Elchingen herüberhallte. Erzherzog Ferdinand sah daher kein anderes Mittel, dem bevorstehenden Verderben zu entgehen, als die Flucht.
Am 15. Oktober ritt er über Geislingen, Heidenheim und Aalen nach Nördlingen, um sich dort mit dem Korps Werneck zu vereinigen. Durch das schlechte Wetter, verbunden mit den entsprechenden Wegeverhältnissen sowie durch laufende französische Verfolgungen war das Korps Werneck am 17. Oktober nicht mehr kampffähig und mußte sich deshalb der französischen Kavallerie unter dem Prinzen Murat ergeben.
Noch vor der Kapitulation des Werneck'schen Korps hatte Erzherzog Ferdinand seinen Weg über Wallerstein nach Öttingen, das er in der Nacht zum 18. Oktober erreichte, fortgesetzt. Von hier aus sandte er an den Kaiser seinen Bericht, in dem er sein Verlassen Ulms begründete und einen Plan entwickelte, mit folgendem Wortlaut:

Euer Majestät!
Die Lage, in welche die Armee seit meinem letzten Bericht geraten, ist ganz so, als ich es bereits damals wagte, Euer Majestät die Ursachen meiner Besorgnis mit zu unterlegen. FML Mack, ungeachtet der einstimmigen Gegenvorstellungen aller Generale, deren Urteil man befragte, war an dem starren Vorsatze, sich auf Ulm, selbst noch im letzten bedrängtesten Augenblicke, einzuschränken, nicht abzubringen. Die vielen, sehr oft im Hauptplane sich widersprechenden Märsche, welche Mangel an Lebensmittel begleitete, setzten die Truppen auf einen kraftlosen Zustand herab, daß am Ende dieselben aufgelöst und vollkommen undienstbar geworden.
Dahin bloß durch eigene Anstalt gebracht, näherte sich Bonaparte nach dem Gefecht am 11. d. M. wieder dem unbefestigten Ulm, wo diese Rückmärsche von Augsburg an die Iller bei dem FML Mack die unwiderleglichste, aber auch auffallendste Mutmaßung, daß Bonaparte in vollem Rückzuge sei, hervorbrachten. In dieser grundlosen Verantwortung behauptete FML Mack mit Härte und ausdrücklichem Befehle seine dem Dienst so verderbliche Idee; keine Gegenvorstellung ward angenommen; er hielt sich an Ulm, in dem er von allen Seiten durch Übermacht eingeschlossen worden. Aber auch noch in diesem verderblichen Vorhaben lag das allerverderblichste der Ausführung; die Kräfte wurden getrennt, teilweise unter den Augen der Festung aufgerieben. Als durch derlei außerordentliche, jedem Manne in der Armee unbegreifliche Benehmigungen, Ulm am 14. vormittags von allen Seiten umzingelt wurde, FML Werneck mit einem Drittel der Armee bei Heidenheim stand, FML Riesch mit dem zweiten Drittel bei Langenau, stellte ich die Folgen dieser traurigen Lage in Ansehung der Gefangennehmung meiner Person dem FML Mack angelegenlichst vor und fragte ihn um seinen Rat. Aber auch noch in diesem Augenblicke zeigte dieser Mann die unerklärlichste Verstockung aller Begriffe. Er behauptete nochmals in Gegenwart mehrerer Generäle, daß Bonaparte sich zurückziehe, daß er sich in der übelsten Lage befinde und in Eile den anderen Tag die Donau und Iller verlassen werde. Bei der Fortdauer solcher Erklärungen konnte ich es nicht mehr wagen, mich der gewissen

Ulm wird von den Franzosen eingeschlossen

Gefahr, gefangen zu werden, auszusetzen; ich gab daher FML Mack zu erkennen, daß ich samt FZM Kollowrath in der Nacht mit elf Eskadronen unter FML Schwarzenberg durchzubrechen und in das Freie zu kommen suchen werde.
Ich gedenke also, nachdem ich heute hier mit zwei Bataillonen und fünfzehn Eskadronen angekommen, morgen wieder meinen Weg fortzusetzen und über Gunzenhausen, Roth nach Neumarkt durch das preußische Gebiet zu gehen, um dann nach Umständen mich dahin zu wenden, wo ich die Vereinigung mit dem Korps des FML Kienmayer werde finden können, wenn nicht fernere Befehle seiner Majestät mir eine andere Bestimmung geben.

Durch die hartnäckige Verfolgung der Franzosen jedoch wurde der Erzherzog von der Donau nach Böhmen abgedrängt. In Öttingen hatten sich ihm die Reste des Korps Werneck, welche der Kapitulation entgangen waren, zuvor noch angeschlossen.
Erzherzog Ferdinand erreichte mit seinen restlichen, vollständig erschöpften Truppen über Nördlingen, Nürnberg, Kreussen, Bayreuth und Weissenstadt am Nachmittag des 22. Oktober 1805 die Stadt Eger. Bei ihm befanden sich die Generale Schwarzenberg, Hohenzollern, Kollowrath, Dinnersberg und Vogel, 1694 Kavalleristen, 400 Artilleristen und 163 Trainsoldaten. Nachdem Ferdinand das Kommando dem FZM Kollowrath übergeben hatte, eilte er nach Wien, um sich vor dem Kaiser zu verantworten.

Wie gewöhnlich stand Kaiser Napoleon auch am 15. Oktober morgens sehr früh auf, studierte die am Abend und in der Nacht eingegangenen Rapporte und diktierte anschließend seine Befehle. Mit dem Instinkt eines erfolgreichen Feldherrn erkannt er, daß er die Österreicher in Ulm schnell einschließen mußte, um sie völlig schlagen zu können.
Bereits in den frühen Morgenstunden waren seine am Vorabend befohlenen Maßnahmen in den Korps angelaufen. Ziel war, die auf der Nordwestseite noch offene Stadt Ulm gänzlich zu umzingeln.
Ergänzend zu seinen Befehlen vom Vorabend bestimmte er am Morgen des 15. Oktober weitere Einzelheiten:
Die beiden Korps Ney und Lannes formieren sich zum Angriff auf die Stadt Ulm. Marschall Ney lehnt seinen rechten Flügel an das Gehölz südlich Mähringen, seine Mitte geht auf Lehr, sein linker Flügel auf Jungingen vor. Marschall Lannes nimmt die Division Suchet auf den rechten, die Division Oudinot auf den linken Flügel und die Division Ganzan in die Mitte. Der rechte Flügel hat in enger Fühlung mit dem Korps Ney zu bleiben, der linke geht zu beiden Seiten der Heidenheimer Straße vor.
Die leichte Kavallerie beider Korps klärt vor der Front in beiden Flanken und im Rücken gegen abgesprengte Teile (des Feindes) auf.
Die Garde nimmt, mit dem linken Flügel an Thalfingen gelehnt, Aufstellung. Hinter ihr die Kürassier-Division Nansouty. Die Dragoner-Division Bourcier rückt nach Mähringen hinter den rechten Flügel des Korps Ney.

General Marmont, der mit seiner Korpsspitze in Pfuhl stand, erhielt morgens folgenden Befehl:

Berthier an Marmont   Oberfahlheim, 15. Oktober 1805
Ich benachrichtige Sie, General, daß der Kaiser den ganzen Tag im Kloster von Elchingen bleiben wird. Seine Absicht ist, daß Sie sich persönlich auf der kleinen Anhöhe des

Dorfes Pfuhl halten; daß Sie dort eine Ihrer Divisionen haben; daß die anderen sich in Ihrem Bereich nahe bei Ulm befinden; und daß Ihre Kavallerie zwischen beiden Divisionen Stellung nehme.

Die Dragoner-Division zu Fuß des General Baraguay d' Hilliers, die sich in Position in ihrem Biwak befindet, wird die Brücken von Elchingen und Thalfingen halten; der General Baraguay d' Hilliers wird jede dieser Brücken mit zwei Geschützen besetzen.

Der General Beaumont wird sich mit seiner Dragonerdivision zur Verstärkung Ihrer Linie aufstellen.

Ihr wesentlichstes Ziel, General, muß sein, den Feind am Entwischen aus Ulm zu hindern, oder ihn genügend aufzuhalten, damit wir von den Höhen (Elchingen) zurückkehren und ihn einholen können.

Wenn es indessen unmöglich wäre, dem Feinde die Passage streitig zu machen, so müssen Sie hauptsächlich den Weg nach Günzburg bewachen. Es ist besser, den Feind auf dem Wege nach Memmingen entschlüpfen zu lassen, unter Vorbehalt, daß Sie ihn sobald als möglich verfolgen.

Wenn der Angriff auf den Höhen stark engagiert sein wird, oder wenn Sie bemerken, daß der Feind sich zu sehr vor Ihnen degarniert, so werden Sie nach Gutdünken verfahren, um ihn Ihrerseits anzugreifen und die ganze Wirkung einer falschen Attacke hervorzubringen.

Sie werden während der ganzen Affäre in Schlachtordnung bleiben und den größten Eindruck auf den Feind hervorzubringen suchen, der Sie von den Höhen sehen wird.

Endlich, General, werden Sie längs der Donau, von der Brücke bei Thalfingen bis möglichst nahe an Ulm eine Postenkette unterhalten, und auf dem linken Ufer, indem Sie beim Dorfe Thalfmgen übergehen, und sich längs der Donau hinziehen, rekognoszieren, ob man nicht von dieser Seite, sobald wir uns der Höhen bemächtigt haben werden, einen wirklichen Angriff auf die Enceinte Ulms unternehmen könnte.

Sobald Sie auf den Höhen von Pfuhl angekommen sind, werden Sie einen Ihrer Adjutanten nach dem Kloster von Elchingen zum Kaiser schicken.   *Berthier*

General Marmont schreibt am Abend folgendes in sein Tagebuch:

Am 15. Oktober morgens besetzte das Korps des Marschalls Lannes Elchingen und Albeck, und der Marschall Ney setzte sich in Bewegung, um den Michelsberg anzugreifen, um die vom Feinde besetzten Stellungen zu nehmen. Die Kaisergarde und zwei Kavalleriedivisionen waren im Kloster von Elchingen.

Ich okkupierte das rechte Ufer (bei Neu-Ulm, Offenhausen und Pfuhl), um den Feind auf dieser Seite zurückzuhalten. Wollte er auf Memmingen marschieren, so hätte ich mich auf seine Flanke geworfen und ihn verfolgt, während der Marschall Soult (westlich der Iller im Raum Ulm, Biberach und Memmingen) ihm die Passage versperrte; wollte er dagegen den Fluß auf dem rechten Ufer hinuntergehen, so hätte ich ihm ebenfalls die Passage versperrt und bis auf den letzten Mann gekämpft, um die Elchinger Brücken zu erhalten, welche zu meiner Kommunikation mit dem Kaiser und mit den Lannes'schen und Ney'schen Korps dienten. Die Dragonerdivision des Generals Beaumont wurde meinem Korps beigegeben; der Feind unternahm nichts und erwartete stumpfsinnigerweise den Angriff. Die Festung Ulm ist klein und nichts wert; sie wird dominiert und war damals in so schlechtem Zustande, daß sie gar keinen Widerstand leisten konnte.

Der Michelsberg, eine ungeheure Stellung, die 100 000 Mann fassen konnte, hat nichts bemerkenswertes; zwar hatte man einige Werke aufgeführt, doch war er zu schwach besetzt.

Noch immer verharrte FML v. Mack am Morgen des 15. Oktober in seiner unbegreiflichen Ansicht von Napoleons

Rückzug. Darin bestärkt wurde er noch dadurch, als die Beobachtungsposten vom Ulmer Münster meldeten, daß der Feind seine Vorposten zurückgezogen habe. Diese Maßnahme der Franzosen hatte jedoch nur den Sinn, die Österreicher über die wahren Absichten zu täuschen.

Das geschlagene Korps Riesch stand teils auf den Festungsanlagen der Stadt, teils als Reserve auf den größeren Plätzen. Da FML v. Schwarzenberg mit Erzherzog Ferdinand die Stadt verlassen hatte, war das Kommando seines Korps dem FML Graf Klenau übertragen worden. Diese Truppen hatten zur Hälfte die Schanzen des Michels- und Frauenberges besetzt, während die andere Hälfte als Reserve am Fuße dieser Höhen standen.

Auf die vorerwähnte Meldung hin ließ FML v. Mack das Korps Riesch und die Reserve Klenaus zur Erholung bei den Bürgern einquartieren. Die ganze Linie der österreichischen Verschanzungen war nur noch von acht Bataillonen besetzt, und zwar von

2 bei der Ziegelhütte,
2 bei der Redoute am Michelsberg und
4 auf dem Frauenberg.

Demgegenüber ließ Ney seine Truppen folgendermaßen aufmarschieren:

Die 3. Division Malher, die um 6 Uhr aus ihrem Biwak zwischen Haslach und Thalfingen aufgebrochen war, schlug den Weg nach Jungingen – Mähringen ein. Bei Haslach stießen sie auf eine feindliche Abteilung, die sich aber zurückzog. Die 2. Division Loison verließ um 7 Uhr, gefolgt von der leichten Kavallerie, ihre Biwaks in Jungingen, Göttingen und Albeck. Sie marschierten auf der Landstraße von Albeck zunächst in Richtung Ulm, um später in der Gegend von Haslach nach rechts in Richtung Jungingen abzuschwenken und auf gleicher Höhe mit der 3. Division Malher vor der Stadt Stellung zu beziehen.

Links der Stuttgarter Straße war die Division Suchet vom Korps Lannes bereits in Stellung gegangen.

Die 1. Division Dupont, welche gegen Mittag von Giengen und Brenz anrückte, bezog bei Albeck Stellung und sicherte in Richtung Bernstadt und Beimerstetten den rechten Flügel des V. und VI. Korps.

Am 15. Oktober begab sich Napoleon bei Tagesanbruch von Oberfahlheim über Oberelchingen nach Unterhaslach, um dort die letzten Befehle zum Angriff auf den Michelsberg, die beherrschende Höhe von Ulm, zu geben. Anschließend ritt er aus, um den Aufmarsch des V. Korps Lannes und des VI. Korps Ney zu überwachen. Gegen 11 Uhr bestieg er voll Ungeduld sein Pferd, ritt auf der Landstraße ein Stück über die Vorposten Neys hinaus und gelangte so bis an den nordöstlichen Abhang des Michelsberges. Er war aufs höchste erzürnt, weil die Truppen der Division Gazan (vom V. Korps Lannes) aus Pfuhl und Burlafingen noch nicht eingetroffen waren. (Anmerkung: Nachdem die Thalfinger Donaubrücke in der Nacht für Truppen nicht passierbar gemacht werden konnten, mußten diese einen Umweg über Oberelchingen machen.)

Bei dieser Exkursion war Napoleon von nur 25 berittenen Jägern seiner Garde und einigen Adjutanten begleitet. Als die ersten feindlichen Kugeln an ihm vorbeiflogen, rief er General Graf de Ségur herbei und sagte ihm: »Nehmen Sie meine Jäger, gehen Sie voran und bringen Sie mir ein paar Gefangene.«

So begann das Gefecht von Ulm, das der Kaiser selbst mit seiner kleinen Eskorte verursachte. Nachdem das Feuer im gesamten Abschnitt von Marschall Neys VI. Korps immer heftiger wurde, und es außerdem noch stark regnete, zog sich der Kaiser nach Unterhaslach zurück. General Graf de Ségur fand ihn in einem Bauernhof; Napoleon schlief auf einem Stuhl neben einem Ofen, dessen andere Seite ein junger Tambour, ebenfalls schlafend, einnahm. Über diesen Anblick erstaunt, erfuhr er, daß man bei der Ankunft Napoleons den Jungen hatte anderswohin bringen wollen, dieser sich aber geweigert und gesagt habe, daß für jedermann Platz sei, er friere und außerdem verwundet wäre. Als Napoleon dies gehört hatte, habe er laut gelacht und befohlen, den Tambour auf seinem Stuhl zu lassen, wenn diesem soviel daran läge. So saßen sich Kaiser und Tambour schlafend gegenüber, umgeben von einem Kreis aus Generälen und Großwürdenträgern, die stehend Napoleons Befehle erwarteten.

Doch der Donner der Kanonen kam immer näher. Napoleon, der von Zeit zu Zeit erwachte, schickte immer wieder jemanden fort, um die Ankunft der Truppen Lannes zu beschleunigen. Da trat plötzlich Marschall Lannes persönlich ein und rief: »Sire, was machen Sie da! Sie schlafen, und Ney kämpft ganz allein gegen die österreichische Armee!« »Warum hat er sich darauf eingelassen?«, antwortete der Kaiser, »ich habe ihm doch gesagt, er solle warten, aber er ist immer der gleiche; er muß sich immer auf den Feind stürzen, sowie er ihn sieht!« – »Gut, gut«, entgegnete Lannes, »aber es ist schon eine seiner Brigaden zurückgeworfen worden. Ich habe meine Grenadiere hier, wir müssen zu ihm; es ist keine Zeit zu verlieren.

Und er zog Napoleon mit sich fort, der sich nun seinerseits erhitzte und so rasend vorwärtsstürmte, daß Lannes, der ihn durch Worte nicht mehr aufhalten konnte, kurz entschlossen die Zügel seines Pferdes ergriff und ihn so zwang, sich in eine weniger gefahrvolle Lage zu begeben.

Ney hatte sich in der Tat geweigert, seinen Angriff aufzuschieben. Sein linker Flügel war durch den Ausfall von 10 000 Österreichern zum Weichen gebracht worden, aber ungeachtet dessen hatte er General Dumas beauftragt, dem Kaiser zu melden, daß er für alles sorgen und aufkommen werde. Darüberhinaus brauchte er Marschall Lannes nicht und wolle auch seinen Ruhm nicht noch mit jemandem teilen.

Die Gefahr war kurz. Gegen 15 Uhr marschierte die 3. Division Malher auf der Stuttgarter Straße gegen den Michelsberg vor. In Regimentskolonnen stürmte die 1. Brigade, das 25. leichte Regiment links, das 27. Regiment rechts, die Anhöhen hinauf. Von der 2. Brigade blieb das 50. Regiment zunächst links der Straße in Reserve, während die Neunundfünfziger auf dieser Straße gegen Ulm vorrückten. Die Verschanzungen des Michelsberges, die nur halb vollendet und infolge des Regens und des Artilleriebeschusses teilweise wieder eingestürzt waren, wurden nach kurzem Widerstand genommen. In regelloser Flucht liefen die Österreicher den Berg hinab, dem Frauentore zu. Die Fliehenden wurden von Franzosen verfolgt und hart attackiert.

Als Oberst Lamartinière von den Fünfzigern die Verschanzung genommen sah, ließ er sein Regiment sofort zum Angriff vorgehen. Da die Gewehre infolge des starken Regens größtenteils versagten, warfen sich die tapfer kämpfenden Franzosen mit ihren Bajonetten auf den Feind und trieben ihn bis nahe an die Stadt. Hauptmann Voith, der vom Frauenberg aus die Gefahr erkannte, in der sich die Stadt befand, eilte nach dem Frauentor und ließ es schließen. Er sammelte die fliehenden Österreicher und warf sich mit diesen dem 50. Regiment entgegen. Es gelang ihm, die Franzosen zurückzudrängen und mehrere Offiziere samt einer großen Anzahl Soldaten gefangenzunehmen. Erst als die zurückweichenden Fünfziger von den Neunundvierzigern aufgenommen wurden, kam das Gefecht zum Stehen.

Malher besetzte letztlich den Michelsberg und dehnte seinen rechten Flügel bis an das Schammental von Lehr und den links bis zu dem Örlingertal bei der Stuttgarter Straße aus. Gleichzeitig mit der Division Malher war Lannes mit der Division Suchet vorgegangen. Ihm gelang es noch, den Frauenberg zu besetzen.

Wenn die Stadt Ulm an diesem Tag auch noch nicht eingenommen werden konnte, so sah sie Napoleon doch als Herr der Vororte vom Gipfel des ersten Hügels herab zu seinen Füßen liegen, in halber Schußweite seiner Geschütze und angefüllt mit zusammengepferchten Feinden. Diese waren ohne Lebensmittel, ohne Fourage und ohne die geringste Möglichkeit, sich innerhalb der Stadtmauern bewegen zu können. Ein Zeitgenosse der Stadt Ulm schrieb über diesen 15. Oktober 1805 folgendes:

»Vom Fuße des Michelsberges ab, über die ganze Strecke nach dem Ruhetal bis gegen Söflingen, und unter den Stadtwällen wurde bis zur einbrechenden Nacht gefochten, und alle äußeren Verschanzungen waren abends 8 Uhr in den Händen der Franzosen. Auf diesen Vorfall wurde die steinerne Brücke beim Frauentor gesprengt. Immer mehr füllten sich die Straßen mit Fliehenden und Verwundeten; Wagen an Wagen, abgemagerte Pferde, verlassene Kanonen hinderten die Communication. Auf allen öffentlichen Plätzen lagen hunderte von halbverhungerten Soldaten. Die Mutlosigkeit unter den Truppen nahm so überhand, daß sie an Stumpfheit grenzte und der österreichische Soldat das höchste Bild des menschlichen Elends darstellte.

Nur unzulängliche Vorkehrungen waren für die Verpflegung der Truppen getroffen, und obwohl sechs bis acht Grenadiere bei den Bäckern, welche allein für das Militär backen durften, in Arbeit standen, so erhielten die Soldaten dennoch nicht hinreichend Brot. Triefend von Regen und Schnee standen sie zwei bis drei Tage in zerrissenen und halbverbrannten Kleidern, viele wohl gar ohne Schuhe, auf den Wachposten, auf den Wällen und in den Straßen. Während die Offiziere sich größtenteils in den Wirtshäusern herumtrieben, bettelten die Soldaten bei den Bürgern um Brot. In den Straßen lagen tote Pferde, und vor Unrat konnte man kaum wandeln. Der Zustand der Verwundeten und Kranken war noch weit kläglicher; es befanden sich deren mehr als 4000 Mann in den Spitälern, wovon täglich 15 bis 20 starben.

Das Elend und der bedauernswürdige Zustand, in welchem dieses so brave Militär schmachtete, veranlaßte die Landesbehörde, die Bürger, um Beistand aufzurufen.

Der Generalissimus von Mack konnte vom Fenster seines Hauptquartiers aus diese schreckliche Lage und die teilweise Demoralisierung seiner Armee sehen.«

Am späten Nachmittag gab Napoleon seinen Marschällen den Befehl, ihre Truppen aus der nächsten Nähe der Festungsmauern in weiter rückwärtige Stellungen zurückzuziehen. Die auf dem Michelsberg aufgefahrenen neun Geschütze erhielten Order, die Stadt unter starken Beschuß zu nehmen. Die Beschießung hatte u. a. den Zweck, FML v. Mack zur Kapitulation gefügig zu machen. Um 18 Uhr schließlich ließ der Kaiser das Artilleriefeuer einstellen. Ein französischer Parlamentär mit Trompeter überbrachte sodann dem Oberbefehlshaber der österreichischen Armee ein Schreiben, in dem dieser aufgefordert wurde, die Stadt zu übergeben.

Marschall Ney hatte inzwischen sein Hauptquartier in das Pfarrhaus nach Thalfingen verlegt. Er selbst kam am Abend – nachdem es den ganzen Tag stark geregnet und er FML v. Mack zur Kapitulation aufgefordert hatte – völlig durchnäßt im Quartier an. Dort verlangte er nach einem trockenen Hemd, Schuhen und nach einem Nelson (Umhang), welcher, wie der Chronist vermerkte, nicht mehr zurückgegeben wurde. Da der Pfarrhof bereits am Vortag von den Soldaten um alle Lebensmittel und Getränke gebracht worden war, konnte ihm Pfarrer Baumgartner nichts mehr zur Stärkung anbieten. Dieses traurige Los war nicht nur Ney, sondern auch seinem gesamten Korps beschieden. Überall waren die Lebensmittel verbraucht, überall herrschte Hunger.

Nachdem Marschall Ney mit seinen Truppen am 15. Oktober nach Mähringen, Jungingen, Lehr, Haslach, Albeck und Göttingen weitergezogen war, verlegte er sein Korps-Quartier nach Söflingen. An seiner Stelle rückte am 16. Oktober Prinz Murat, Marschall der Kavallerie-Reserve, in Oberelchingen und Umgebung ein. Die Verlegung dieser Truppen vom südlichen auf das nördliche Donau-Ufer bereitete außerordentliche Schwierigkeiten. Durch den anhaltend starken Regen nämlich hatte die Donau immer mehr Hochwasser

Napoleon läßt am 15. Oktober 1805 die Stadt mit der Artillerie beschießen, um FML Mack für Kapitulationsverhandlungen gefügig zu machen.

Colorierter Kupferstich von Domimque Fietta

Kaiser Napoleon vom 15.–21. Oktober 1805 in Elchingen

bekommen. Das ganze Donautal zwischen dem Fluß selbst und dem Ort Oberelchingen war am 15. Oktober abends überflutet. Tags darauf wurden durch die reißende Strömung zwei Joch der Brücke abgerissen, wobei ein Bagagewagen des Prinzen samt der Begleitmannschaft in den Fluten versank. Prinz Murat logierte mit seinem Stab im Rentamtshaus.

Als am 15. Oktober die Nacht hereinbrach, verließ Kaiser Napoleon mit seinem Stab den Kampfplatz in Ulm am Michelsberg, um über Unterhaslach, Thalfingen, Kugelberg und Großer Forst nach Oberelchingen zu reiten. Entlang der Wege waren noch überall die Spuren des Gefechtes vom Vortag zu sehen. Gegen 20 Uhr traf er in Oberelchingen ein und nahm in der Landgerichtswohnung (heute Grundschule, Klostersteige 10, unmittelbar beim Martinstor) Quartier. Von dieser Wohnung hatte Napoleon einen herrlichen Rundblick über das Donautal nach Ulm und besonders auf den Ort, welcher damals noch Thal hieß. Mit ihm war auch ein Teil seiner Garde eingetroffen, die in der Regel aus den tapfersten Soldaten bestand. Bei der Garde zu Pferd handelte es sich um ca. 400 Dragoner, Jäger, Gendarmerie und Mamelucken. Die Dragoner und Jäger trugen hohe Bärenfellmützen mit weißen und scharlachroten Federstutzen. Exotisch anzusehen war die Mamelucken-Eskadron (ca. 150 Reiter) in ihren ägyptischen Trachten. Sie trugen weite, rote Hosen, blaurote Jacken und auf dem Kopf einen weißroten Turban. Die Garde zu Fuß bestand aus ca. 600 Jägern und Grenadieren. Außerdem befanden sich der Stellvertreter und Schwager Napoleons, Prinz Murat, der Chef des Generalstabes und Marschall Berthier, Marschall Lannes, General Rapp, General Graf de Ségur, der Kommandeur der Garde, General Besiers, und eine Reihe weiterer Generäle in Napoleons Gefolge.

Durch den anhaltenden Regen der letzten Tage waren nicht nur alle Soldaten, sondern auch Napoleon selbst völlig durchnäßt und erkältet. Jeder suchte Wärme und einen trockenen Unterschlupf. Im Kloster und in Oberelchingen waren alle Räume mit Truppen belegt. Jedes Haus war überfüllt; teilweise hatte man in einem einzigen Haus über 100 Mann einquartiert.

Das zwischen Oberelchingen und der damals noch unregulierten Donau sich ausbreitende Wiesental sowie der Verbindungsweg nach Leibi waren völlig überschwemmt. Beim nächtlichen Ausblick durch die Fenster der Landgerichtswoh-

Das frühere Landgericht Elchingen, heute Grundschule, Napoleons Hauptquartier vom 15. bis 21. Oktober 1805.

Hier unterschrieb am 17. Oktober 1805 FML Mack die Kapitulationsurkunden. Am 20. Oktober erfolgte die Übergabe der Festung Ulm.

Mamelucken, die Leibgardisten von Napoleon

nung konnte Napoleon überall in Oberelchingen und in den umliegenden, mit Soldaten überfüllten Dörfern die lodernden Lagerfeuer seiner Truppen sehen.

Nachdem es gelungen war, einen großen, entscheidenden Teil der österreichischen Armee in Ulm einzuschließen, und genügend französische Truppen bereitstanden, jeden Ausbruchsversuch der Österreicher zu verhindern, gab es an dem französischen Sieg nichts mehr zu zweifeln. Entsprechend hoch war dann auch die Stimmung im Hauptquartier des Kaisers. Erst spät am Abend ging Napoleon zu Bett.

Am Vormittag des 16. Oktober besuchte der Kaiser mit seinem Stab zunächst die Elchinger Klosterkirche, wo er am Eingang von Abt Plersch II empfangen wurde. Napoleon war überrascht, in dem relativ kleinen Elchingen eine so schöne Kirche vorzufinden und rief deshalb aus:

»Ah, que cette église est belle!
C'est vraiment le salon du Bon Dieu!«
»Wie schön doch diese Kirche ist!
Sie ist wahrhaftig der Empfangsraum des lieben Gottes!

Als dem Kaiser kurze Zeit später der österreichische Fürst Lichtenstein von Ulm mit Kapitulationsunterlagen gemeldet wurde, eilte dieser sofort in sein Hauptquartier zurück.

Kloster Elchingen wird Lazarett

Da in der »Grande Armee« der Nachschub an Verpflegung sehr schlecht organisiert war, passierten auch die vielen Plünderungen seitens der Franzosen. Am allerschlechtesten aber war ihr Sanitätswesen. Darüber gibt es zwei Anekdoten, die einen Einblick in die damaligen Verhältnisse gestatten.

Baron de Marbol schreibt in seinen Erinnerungen:
Die Leiche des bei Austerlitz (2. Dezember 1805) gefallenen Generals Moreland war, da man sie nicht hatte einbalsamieren können, in ein Faß Rum gelegt und seiner Familie, die ihm ein Grabmal errichten wollte, zugeschickt worden.
Die Leiche lag dann bis 1814 in einer Tonne in einem Raum der Akademie der Wissenschaften in Paris. Als aber später eine Daube brach, bemerkte man überrascht, daß ihm durch den Rum, der die Leiche tadellos erhalten hatte, ein riesiger Schnurrbart gewachsen war. Der Wissenschaftler, der die erstaunliche Entdeckung gemacht hatte, stellte nun sein »Beweisstück« Scharen von Neugierigen vor, und die Familie mußte einen Prozeß anstrengen, damit ihr die Leiche des wackeren Soldaten herausgegeben wurde!
General Marbol schloß so: *Liebt also den Rum und laßt euch töten, damit ein Naturwissenschaftler euch dann in seiner Bibliothek zwischen dem Horn eines Rhinozeros und einem ausgestopften Krokodil ausstellt.*

Ein alter, verwundeter Grenadier beschrieb die damalige Situation folgendermaßen:
Ich weiß wohl, daß man sich nicht um uns kümmert, wenn wir verwundet sind. Nun, dann töte man uns doch, damit es ein Ende hat.

Die Militärärzte – sofern überhaupt welche vorhanden waren – erwiesen sich meist als unfähige Leute und ihre Reihen wurden noch mit jungen Herren von Stand gefüllt, die darin einen Weg sahen, der Aushebung zu entgehen. Am 15. Oktober herrschte in Oberelchingen naßkaltes, mit Schneegestöber durchsetztes Wetter, und das Kaiserhauptquartier mußte von Oberfahlheim nach Oberelchingen verlegt werden. Außerdem war mit dem Kaiser zugleich auch seine Garde, welche 800 Pferde besaß, angekündigt worden. Ferner lagen rings um Elchingen herum und ganz besonders auf dem Schlachtfeld Tausende von Sterbenden und Verwundete. Da schreckliche Platznot herrschte, geschah es, daß am Abend auch in der Klosterkirche Pferde und Verwundete beieinander waren. Bekanntlich verfügte das Kloster an seiner Südostecke über ein kleines, beschädigtes Hospital, in dem der Chirurg Ostertag mit einigen Studenten seinem Handwerk nachging. Dieses reichte aber bei weitem nicht aus, einen derartigen Ansturm von Patienten aufzufangen. Die wenig vorhandenen Ärzte hatten alle Hände voll zu tun. Bedauerlicherweise mußten deshalb die Verwundeten bei schrecklichstem Herbstwetter fast 24 Stunden im Freien liegen, bis sich überhaupt jemand um sie kümmerte. Damit war anzunehmen, daß alle Schwerverwundeten bereits gestorben waren, ehe Hilfe kam. 646 Verwundete – vermutlich nur Franzosen – wurden am 15. Oktober zusammengetragen, wovon schon in der Nacht zum 16. Oktober 72 starben. Vielen Verwundeten mußten Arme oder Beine amputiert werden. Wannenweise wurden abgetrennte, verletzte Gliedmaßen aus dem Kloster getragen. Nachdem eine starke Narkose in der Regel nur aus Alkohol oder gar nur aus »auf die Zähne beißen« bestand, kann man sich vorstellen, was diese bedauernswerten Soldaten mitgemacht haben.
Damit Menschen und Pferde nicht froren, wurden in der Kirche und in den damals noch vorhandenen Nebenräumen Lagerfeuer angezündet, wobei auch wertvollste Pergamente und unersetzliche Bücher und Unterlagen verbrannt wurden. So ist es auch zu erklären, daß es während des sechstägigen »Besuches« der Franzosen zum Beispiel im Konventgebäude elfmal brannte. Als das Lazarett am 25. Oktober 1805 aufgelöst wurde, lud man die Verwundeten auf Pferde- und Rindergespanne und schaffte sie nach Ulm und in das Kloster Obermarchtal. Ob sie jemals ihre Heimat wiedergesehen haben?

Kapitulationsverhandlungen mit FML v. Mack

Während seines Elchinger Aufenthalts war Napoleon dreimal zu den Ulmer Festungsanlagen geritten, um sich davon zu überzeugen, daß ein Ausbruch der Österreicher wirkungsvoll bekämpft werden könnte.
Durchhaltebefehl von FML v. Mack vom 15. Oktober 1805. ▷
Nach dem Erhalt der Kapitulationsaufforderung und in der Nacht vom 15. zum 16. Oktober versuchte die eingeschlossene österreichische Generalität in stundenlangen, heftigen Debatten, FML v. Mack klarzumachen, daß ein freier Abzug als weitaus größerer Erfolg anzusehen sei als aufreibende, aussichtslose Verteidigung. Er willigte schließlich ein, Fürst Lichtenstein am 16. Oktober mit einer Kapitulationsverhandlung abgehen zu lassen. FML v. Mack selbst unterzeichnete das Schriftstück jedoch nicht. Noch am selben Vormittag, um 10 Uhr, kehrte Fürst Lichtenstein mit der Antwort zurück, daß Kaiser Napoleon diesen Kapitulationsantrag nicht annehme.
Was war aber im Hauptquartier des Kaisers wirklich geschehen?
Von den Zuständen in Ulm genau unterrichtet und des Erfolges eines Sturmes gewiß, verweigerte Napoleon die gegen freien Abzug angebotene Übergabe. Er drohte sogar, die Besatzung im Falle eines Sturmes, wie einst die Garnison von Jaffa, über die Klinge springen zu lassen. (In dem erstürmten Jaffa, an der Küste von Syrien, hatte Napoleon 2000 Arnauten oder Albanesen, Söldlinge der Türken, angeblich wegen Wortbrüchigkeit zusammenschießen lassen). Als jedoch der Fürst hartnäckig nicht nur für die Offiziere, sondern auch für die Soldaten freien Abzug verlangt hatte, unter der Bedingung, bis zur Auswechslung nicht zu dienen, erklärte Napoleon zunächst nach einigem Zögern:

> »Nun wohl! Ich vertraue auf das Wort des Prinzen Ferdinand. Wenn er sich in dem Platze befindet, will ich ihm einen Beweis meiner Achtung geben, und ich gewähre ihm, was Sie von mir verlangen, in der Hoffnung, daß der Hof von Wien das Wort eines seiner Prinzen halten wird.«

General-Befehl am 15 Oktober 1805.

Ich mache im Namen Seiner Majestät alle Herren Generale, Staabs- und Oberoffiziers auf ihre Ehre, ihre Pflicht, und ihr eigenes Glück verantwortlich, das Wort Uebergabe nicht mehr hören zu lassen, sondern nur an die standhafteste und hartnäckigste Vertheidigung zu denken, die ohnehin nicht lange dauern kann, weil in einigen wenigen Tagen schon die Avantgarden zweyer mächtigen Armeen, einer Kaiserlich Königlichen und einer Russischen vor Ulm erscheinen werden, um uns zu befreyen. Die feindliche Armee ist in der schrecklichsten Lage, theils durch die Witterung, theils durch Mangel an Lebensmitteln. Es ist unmöglich, daß sie länger als einige wenige Tage in der Gegend aushalten könne. Sie kann nur in sehr schmalen Abtheilungen stürmen, da wir fast allenthalben sehr breite Wassergräben haben; nichts ist also leichter, als die Stürmenden todtzuschlagen oder gefangen zu nehmen. Wir haben, wenn es uns etwa an Lebensmitteln fehlen sollte, mehr als 3000 Pferde, um uns zu nähren. Ich selbst will der erste seyn, Pferdefleisch zu essen, und ich hoffe, daß jedermann gerne mit mir gemeine Sache machen wird; auch von den braven Einwohnern der Stadt hoffe ich es, und versichere Sie nochmals, daß ihnen alles reichlich vergütet und vergolten werden solle.

Freiherr von Mack,
Feldmarschal-Lieutenant und General-Quartiermeister.

Als er aber gleich darauf von Fürst Lichtenstein erfuhr, daß Erzherzog Ferdinand Ulm bereits verlassen habe, zog er diese Zusage mit der Begründung, daß ihm niemand sonst genügend Garantien bieten könne, wieder zurück. (Es war dies ein Hinweis auf FML v. Macks früherem Wortbruch.) Erst nach einiger Zeit weiteren Verhandelns gab Napoleon endlich seine Zustimmung zu folgenden Bedingungen:

a) Kriegsgefangenschaft der Garnison und Abführung derselben nach Frankreich; dagegen freier Abzug nach Österreich, wenn sich etwa die russische Armee am 16. Oktober schon über Rain hinausbewegt hat.
b) In jedem Falle Rückkehr der Offiziere nach Österreich gegen die Verpflichtung auf Ehrenwort, bis zur Auswechslung während der Dauer des Feldzuges nicht gegen Frankreich zu dienen.
c) Sollte es FML v. Mack jedoch vorziehen, so wäre Napoleon auch geneigt, drei oder vier Divisionen durch fünf bis sechs Tage unbeweglich vor Ulm stehen zu lassen.

Bis an die Mauern Ulms von General Bertrand begleitet, überbrachte Fürst Lichtenstein FML v. Mack diesen Entwurf und gleichzeitig die Nachricht von den Kapitulationen Memmingens (Masse des Korps Jellachich) und des Korps Wernecks, von welchem die letztere allerdings erst am 17. erfolgte, und von dem Rückzug der Reste des Korps Jellachich nach Vorarlberg.

Nachdem FML v. Mack den Entwurf Napoleons durchgesehen hatte, verfaßte er – ohne sich mit den anwesenden Generälen v. Riesch, Gyulay und Lichtenstein zu beraten – seine Antwort an den Kaiser, bestieg das nächststehende Pferd des Fürsten Lichtenstein und überbrachte sie persönlich dem bei dem Vorposten wartenden General Bertrand. Da FML v. Mack keine Abschrift zurückbehalten und auch nicht seine Generale von seinem Entschluß in Kenntnis gesetzt hatte, ist heute der Inhalt nicht mehr genau festzustellen. Nach seiner eigenen Erklärung vor dem Kriegsgericht habe er (Mack) einen Waffenstillstand von zwei Tagen verlangt, wofür er die eine Hälfte der Stadt räumen wollte. Am dritten Tage sollte die Garnison dann wieder die Waffen aufnehmen, um – ohne kriegsgefangen zu sein – nach Österreich abzuziehen.

Jedenfalls hat diese Antwort Napoleon nicht befriedigt, da Ulm bald darauf zum zweiten Mal beschossen wurde. Nach einer Stunde Beschießung wurde das Feuer, das in der Stadt keinen großen Schaden angerichtet hatte, jedoch wieder eingestellt. Gegen Abend traf dann eine Entgegnung Berthiers auf das letzte Schreiben v. Mack's ein, durch die dessen spätere Aussage vor dem Kriegsgericht in gewissem Sinne bestätigt wurden. Der Marschall schrieb.

Herr General!
»Wenn Sie Hoffnungen hätten, von zwei Armeen entsetzt zu werden, wie Sie es in Ihrem Briefe an den Kaiser sagten, und wenn Ulm ein haftbarer Posten wäre, würden Sie die Kapitulation nicht angeboten haben, so zwar, daß Sie den Platz übergeben wollten unter den Bedingungen, das Ihre Garnison kriegsgefangen sein, aber sich nach Österreich begeben würde, ohne bis zur Auswechslung Dienste tun zu können ...«

Das folgende, an Berthier gerichtete Schreiben scheint am Abend des 16. als letzte Entgegnung v. Mack's ausgefertigt zu sein. Die ganze, wunderliche Abfassung ist für FML v. Mack charakteristisch:

Herr Marschall!
»Ich kann mich nur auf die Erklärung beziehen, die ich Seiner Majestät zu machen gewagt habe ... Ich wiederhole, daß der Platz niemals übergeben werden würde, es sei denn, Seiner Majestät persönlich; aber verlangen wollen, daß die Garnison oder vielmehr das Armeekorps sich kriegsgefangen gebe, würde heißen, es entehren wollen, weil wir sehr bestimmt Hilfe zu erwarten haben, und ich strebe zu sehr nach der Hochachtung Seiner Majestät und

der Euer Exzellenz, um anders zu handeln. Ich würde zu glücklich sein, noch heute Seine Majestät in der Stadt zu empfangen und Ihm die tiefgefühltesten Versicherungen meiner Verehrung und Bewunderung von neuem auszusprechen. Seine Majestät würde seine Garden oder andere bewaffnete Truppen bei sich haben, und die Österreicher würden die Waffen für zwei Tage niederlegen, und zwar bis übermorgen, wo sie würden aufbrechen können, ihre Waffen wieder ergreifen und frei sein würden, sich mit dem Haupttheere zu vereinigen und wie vorher zu dienen. Ich schmeichle mit, Herr Marschall, daß Sie diese Nachgiebigkeit gern als einen neuen Beweis der Ehrerbietung und Hochachtung ansehen werden, die ich für die erhabene Persönlichkeit Seiner Majestät empfinde«.

Noch vor Tagesanbruch des 17. traf die Entgegnung Berthiers ein, der um die Berichtigung verschiedener Unklarheiten bat. Es heißt dann weiter:

»Seine Majestät wünscht eine bestimmtere Erklärung, Sie schlagen ihm vor, sich nach Ulm zu begeben. Er wird nicht dahin kommen, mein Herr. Aber um die Schrecken eines Sturms zu vermeiden, wird er seine Zustimmung dazu geben, daß die Garnison von Ulm fünf Tage in der Festung bleibt, vorausgesetzt, daß ein Tor der französischen Armee überlassen wird; wenn während dieser fünf Tage ein Heer erscheint, stark genug um den Platz zu entsetzen, willigt der Kaiser nicht nur ein, daß die Garnison nicht kriegsgefangen wird, sondern, daß sie sogar zum Wohle ihres Vaterlandes von ihren Waffen Gebrauch macht. Wenn in diesen fünf Tagen kein so starkes Heer erscheint, um die Festung zu entsetzen, werden die Truppen, die darin eingeschlossen sind, kriegsgefangen, die Offiziere werden aber nach Hause zurückkehren können.«

Auch über diesen Vorschlag beriet FML v. Mack nicht mit seinen Generälen. In seiner Antwort forderte er entweder eine Frist von acht Tagen, in denen er auf Entsatz hoffte, oder Rückkehr der Garnison nach Österreich mit dem Versprechen, nicht mehr zu dienen. Im weiteren Verlauf seines Schreibens versuchte er, Berthier und damit Napoleon von der Wichtigkeit der Festung zu überzeugen:

»Euer Exzellenz sagten mir in Ihrem Briefe von gestern, daß ›Seine Majestät seinen Vorteil nicht verlieren wolle‹. Der große, ungeheure Vorteil für ihn ist die Abtretung von Ulm, des Schlüssels der Iller und der Hälfte Deutschlands. Außerdem verlangen wollen, daß die Garnison, die ihn räumt, sich kriegsgefangen gibt, solange sie die Gewißheit hat, entsetzt zu werden, ist gegen jede Kriegsregel und Menschlichkeit; das heißt, sie zum äußersten treiben, dem sie sich zu unterziehen tausendmal eher entschlossen ist, als entehrt zu werden.«

Bereits gegen Mittag übersandte Berthier zusammen mit einem Kapitulationsentwurf die Antwort des Kaisers. Da der Marschall in seinen Schreiben den Wunsch nach mündlichen Verhandlungen bei v. Mack aussprach, erhielt FML Gyulay den Auftrag, ihn nach Ulm zu begleiten.

Da FML v. Mack, seit er mit den Franzosen in Briefverkehr getreten war, seine Generäle zu keiner einzigen Verhandlung mehr hingezogen hatte und auch jetzt keine Anstalten dazu machte, begaben sich nach Berthiers Ankunft v. Riesch, Gyulay und Klenau unaufgefordert zu v. Mack und verlangten, an der Besprechung teilzunehmen. Nach längerem Weigern willigte dieser ein, jedoch nur unter der Bedingung, daß sie sich mit Rücksicht »auf die gefährlichen Überredungskünste und Sophistereien des Marschall Berthiers« nicht an der Diskussion beteiligten.

Indessen kamen die Verhandlungen zunächst nicht zum Abschluß. Noch einmal richtete Mack an Berthier einen Brief, in dem er die Forderungen der Generäle vom 15. Oktober wiederholte. Er schrieb:

Freier Abzug der Garnison ohne kriegsgefangen zu werden. Wenn nicht, eine Frist von acht Tagen oder den Tod. Das ist meine letzte Antwort, Ulm, 17. Oktober 1805. Mack

Noch im Laufe des selben Nachmittags willigte Napoleon, aber wohl kaum durch Macks tönende Sprache bezogen, ein, die Frist bis zum 25. Oktober einschließlich auszudehnen. Daraufhin unterzeichnete Mack noch am Abend des 17. Oktobers ganz allein die Kapitulation.

Dieser zufolge sollte die ganze Garnison, wenn innerhalb von acht Tagen kein Entsatz erschien, kriegsgefangen werden. Ferner sollte den Franzosen sofort das Neutor überlassen, eine feindliche Brigade in die Stadt aufgenommen, und der ganzen französischen Armee der Verkehr über die Donau gestattet werden.

Am Morgen des 18. Oktober gegen 9 Uhr besetzte Ulm eine französische Brigade von 2600 Mann unter General Labassee (VI. Korps) das Neutor und den anstoßenden Stadtteil. Sofort wurde auch mit der Wiederherstellung der Donaubrücke begonnen, um die Verbindung mit den französischen Truppen südlich von Ulm und der Donau zu erleichtern. FML v. Mack erließ einen Generalbefehl, in dem er jede Feindseligkeit gegen die Franzosen mit dem Tode bedrohte. Um Unannehmlichkeiten zu vermeiden, bemühte sich Marschall Ney – allerdings vergeblich –, jede Berührung der beiden Heere zu verhindern. Schon nach kurzer Zeit hatten sich einige tausend französische Offiziere und Soldaten in den Straßen verbreitet. Den Gefühlen, die die österreichischen Offiziere bewegten, gibt ein Augenzeuge, ein Hauptmann des Generalstabs, beredten Ausdruck:

»*Man muß sich in Ulm befunden haben*«, schreibt er, »*um sich unsere traurige Lage in ihrem scheußlichem Umfange vorstellen zu können; es wäre viel zu kränkend, zu schmerzhaft, die umständliche Schilderung aller Beschimpfungen und Mißhandlungen, die wir nun erdulden müssen, zu liefern. Unsere mit den Franzosen allenthalben vermischten Soldaten, die das Schicksal, das sie erwartet, nur zu gut kennen, blicken mit Verachtung auf ihre Offiziere ... Man macht uns die Wohnung streitig und während der Nacht dringt man mit Gewalt in unsere Stallungen, raubt unsere Pferde und lacht unserer Vorstellungen ...*«

Dadurch, daß FML v. Mack am 17. Oktober die Kapitulation allein abgeschlossen und unterzeichnet hatte, nahm er in der Tat auch die alleinige Verantwortung auf seine Schultern. Um sie dennoch von sich abzuwälzen, hat er später Mittel versucht, das auf seinen Charakter und sein ganzes Handeln einen tiefen Schatten wirft.

Die weiteren Kapitulationsverhandlungen kamen anfangs nur schleppend voran, da FML v. Mack seine Situation unrealistisch einschätzte. Deshalb bestellte ihn Napoleon für den Nachmittag des 19. Oktober nach Oberelchingen. Er erschien zwar mit großem Gefolge, aber ohne seine Generäle. Bevor Napoleon v. Mack empfing, mußte dieser zwei Stunden warten und deutlich spüren, daß der Kaiser nicht die beste Meinung von ihm hatte. Nach Angaben Macks hatte ihn Napoleon mit folgenden Worten empfangen:

»*Wie konnten Sie sich dazu verrennen, sich in einem so elenden Platz wie Ulm verteidigen zu wollen, der nicht einmal den Namen Festung verdient?*«

Mack antwortete, daß die Kapitulation nicht seiner Überzeugung entspringe, sondern durch die Verhältnisse ihm aufgezwungen worden sei. Ohne diese würde er sich wohl halten bis zur Ankunft der russischen Armee. Napoleon erwiderte:

»*Aber noch einmal, das ist gar keine Festung und Sie wollten sich darin gegen meine Armee verteidigen?*«

Mack:

»*Und ich hätte mich da verteidigt, weil diese Festung ein sehr starkes, verschanztes Lager ist, eingeschlossen mit brei-*

ten und tiefen Wassergräben, die selbst eine zehnmal überlegene Armee ohne Belagerungsartillerie nicht überschreiten kann.«

In dem dann folgenden Gespräch wurden ihm alle seine Illusionen genommen. FML v. Mack erfuhr dabei, daß seine, sich außerhalb von Ulm befindlichen Korps aufgerieben und geschlagen waren, daß diese zudem kapituliert hatten und, daß sich Erzherzog Ferdinand auf der Flucht nach Böhmen befindet. Ferner wurde er davon unterrichtet, daß die Russen, von denen er Rettung erwartete, noch in weiter Ferne waren und außerdem 60 000 französische und bayerische Soldaten auf sie warteten. Napoleon wußte, daß die Österreicher in Ulm zusammengepfercht waren und eine schreckliche Not an Lebensmittel herrschte, der Regen und die Kälte die Soldaten demoralisierte und niemand mehr die Truppen befehligte. Er zeigte Mack Listen seiner Armeebestände, aus welchen dieses Elend zu lesen war und sagte, daß er keinen Angriff auf Ulm machen, sondern die Festung aushungern würde.

Mack gab zu, daß sich seine Truppen in größter Unordnung befinden. Im Verlauf der weiteren Verhandlungen erwähnte Napoleon zu Mack:

»Ich bin bereit, Opfer und selbst große Opfer auf dem Festland zu bringen. Aber man muß auch gemeinsame Sache mit mir machen und Stellung gegen England nehmen. Warum immer gegen meine kontinentale Überlegenheit ankämpfen wollen, statt sich mit mir gegen die maritime Allmacht Englands zu vereinigen?«

Mack war einer Ohnmacht nahe und versäumte es später sogar, das militärisch noch mögliche festzusetzen, nämlich, daß die französische Armee noch bis 25. Oktober in Ulm bleiben muß. Nach seiner Vorstellung lag die Schuld des Mißerfolgs nicht an ihm. Als er das Zimmer Napoleons verließ, sagte er zu dem im Vorzimmer wartenden französischen General Graf Ségur:

»Es ist grausam, entehrt zu sein, in der Meinung so vieler tapferer Offiziere. Ich habe übrigens meine geschriebene und unterzeichnete Ansicht in der Tasche, nach der ich mich dagegen gewehrt habe, daß meine Armee zersplittere; aber ich habe sie nicht kommandiert, der Erzherzog Ferdinand war da.«

Generalstabschef Marschall Berthier und General Graf de Ségur legten am Samstag, dem 19. Oktober, in Oberelchingen mit FML v. Mack folgende Konvention fest:

Der Marschall Berthier, Generalstabschef der französischen Armee, durch besonderen Befehl des Kaisers der Franzosen bevollmächtigt, gibt sein Ehrenwort:

1. *Daß die österreichische Armee sich heute jenseits des Inn befindet und, daß der Marschall Bernadotte mit seinen Truppen zwischen München und dem Inn steht.*
2. *Daß der Marschall Lannes mit seinem Armeekorps den Prinzen Ferdinand verfolgt und gestern in Aalen war.*
3. *Daß Prinz Murat sich gestern mit seinem Korps in Nördlingen befand, und, daß die Generäle Werneck, Hohenzollern, Baillet und sieben andere Generäle mit ihren Korps bei dem Dorfe Trochtelfingen kapituliert haben.*
4. *Daß der Marschall Soult zwischen Ulm und Bregenz steht und die Straßen nach Tirol überwacht; daß es also keine Möglichkeit gibt, Ulm zu entsetzen.*

Der Feldmarschall-Leutnant, Generalquartiermeister Mack, schenkt den obigen Erklärungen Glauben und ist bereit, die Stadt Ulm schon morgen zu räumen, unter folgenden Bedingungen:

Das ganze Korps des Marschalls Ney, bestehend aus zwölf Regimentern Infanterie und vier Regimentern Kavallerie wird Ulm und einen Umkreis von zehn Stunden nicht verlassen, bis zum 25. Oktober Mitternacht,

Napoleons Brief aus Elchingen an Kaiserin Josephine

mit welcher die Stunde der Kapitulation abläuft. Der Marschall Berthier und FML Generalquartiermeister Baron v. Mack kommen über obige Punkte überein.
Infolgedessen wird morgen, 3 Uhr nachmittags, die österreichische Armee mit allen kriegerischen Ehren vor Seiner Majestät dem Kaiser defilieren und die Waffen strecken.
Die Herren Offiziere, die ihren Degen behalten, werden ihre Anweisungen erhalten, um sich auf die Straßen nach Kempten und Bregenz über Tirol nach Österreich zu begeben.

Doppelt ausgefertigt in Elchingen, den 19. Oktober 1805
Marschall Berthier   FML Mack.«

Durch diese unverantwortliche Abänderung des Kapitulationsvertrages vom 17. Oktober gab Mack Napoleon freie Hand, seinen Marsch an den Inn sechs Tage früher zu beginnen. Als die Generäle von den neuen Abmachungen Kunde erhielten, protestierten sie im Namen des Kaisers, und die Versammlung wurde derart erregt, daß es beinahe zu Tätlichkeiten gegen v. Mack gekommen wäre. Aber der heilige Zorn war vergebens. Rings vom Feinde eingeschlossen, mußte man sich fügen. Jeder Widerstand wäre Wahnsinn gewesen.

Am 19. Oktober 1805 schrieb Napoleon in einem Brief aus Elchingen, der ein gutes Stimmungsbild der damaligen Situation wiedergibt, an Kaiserin Josephine:
»Meine gute Josephine, ich bin hundemüde; eine ganze Woche, alle Tage, naß von Regen, und meine kalten Füße taten mir weh, aber der heutige Tag, an dem ich nicht aus dem Zimmer ging, hat mich wieder hergestellt.
Ich habe meinen Zweck erreicht, ich habe die österreichische Armee in Grund und Boden marschiert, ich habe 60 000 Gefangene gemacht, 120 Kanonen und mehr als 90 Fahnen erbeutet und mehr als 30 Generäle gefangen.
Jetzt geht's den Russen an den Kragen; sie sind verloren. Ich bin zufrieden mit meiner Armee. Ich habe nicht mehr als 1500 Soldaten eingebüßt.
Lebe wohl, meine gute Josephine, 1000 liebe Grüße auch an Hortense.«

In der damaligen Zeit scherzten seine Soldaten, indem sie sagten: Der Kaiser hat eine neue Methode gefunden, Krieg zu führen; er bedient sich nur unserer Beine und nicht unserer Bajonette. Leider hatten sich diese Soldaten gründlich getäuscht. Bereits sechs Wochen später wurden sie in für Frankreich zwar ruhmvolle, für die Armee aber in schmerzliche und verlustreiche Kämpfe bei Austerlitz verwickelt.

Pfarrer Samuel Baur aus Göttingen erhält Audienz bei Napoleon

Obwohl aus der Zivilbevölkerung niemand zum Kaiser vorgelassen werden durfte, schaffte es der unerschrockene Pfarrer Baur, bei Napoleon im Hauptquartier in der Elchinger Landgerichtswohnung Audienz zu bekommen. Den im Nachbarort Göttingen wohnenden und am 31. Januar 1768 geborenen Pfarrer und späteren Dekan Samuel Baur hatte am 20. Oktober 1805 die Not seiner Mitbewohner nach Elchingen getrieben. Bereits am Abend nach der Schlacht von Elchingen waren in Göttingen mehrere tausend französische Soldaten, die in allen Häusern plünderten und auch brandschatzten, für fünf Tage einquartiert. Die Soldaten ernährten sich von Feldfrüchten und Obst sowie vom Abschlachten des Viehs, soweit noch welches vorhanden war. Außerdem brauchten sie für ihre Wach- und Wärmfeuer Holz, weshalb später überall die Obstbäume, Zäune, Scheunentore, Dielen und Fensterladen fehlten. Die ganze Umgebung von Göttingen sah aus, daß man sie nicht mehr hat erkennen können, schrieb Pfarrer Baur damals in die Chronik. Bei der Einquartierung handelte es sich um das 19. Dragonerregiment der Division Bourcier und um Grenadiere des Marschalls Oudinot.

Pfarrer Baur hatte eine Aufstellung über den angerichteten Schaden gemacht, trug diese dem Kaiser vor und bat für seine total verarmte Gemeinde um Unterstützung. Napoleon ersetzte zwar nicht den angerichteten Schaden, belohnte aber das tapfere und würdige Auftreten dieses Mannes, indem er ihm 100 Goldstücke (Napoleon d'or) für den Wiederaufbau des Ortes schenkte. Außerdem bekam er von General La Cony eine Schutztruppe, die dafür sorgte, daß das Plündern aufhörte.

Noch heute steht auf dem Göttinger Friedhof zur Erinnerung an Pfarrer Baur ein Gedenkstein.

Kapitulation und Übergabe der Festung Ulm am 20. Oktober 1805

Am Sonntag, dem 20. Oktober 1805, marschierten das VI. Korps Ney und das II. Korps Marmont sowie die Garde zwischen dem Frauentor und Neutor auf. Sie stellten sich mit geladenen Gewehren in zwei auseinanderliegenden Kolonnenreihen auf (heute das damals noch nicht bebaute Gelände zwischen der Olgastraße und der Bahnlinie Ulm – Heidenheim). Napoleon selbst, in unscheinbarer Uniform und mit abgeschabtem Mantel, stand – umringt von seinen Marschällen und Generälen, welche reichgezierte Uniformen trugen – auf dem Felsen am Kienlesberg (dieser Felsen ist heute noch in der Nähe des Kasernen-Eingangs vorhanden, wurde aber beim Bau des Rangierbahnhofes im Jahre 1911 etwas abgetragen).
Gegen 13 Uhr wurde schließlich das Frauentor geöffnet und ca. 23 000 Mann österreichische Infanterie, Kavallerie und Artillerie, die Generäle an der Spitze, marschierten in die von den Franzosen gebildete Gasse. Mit klingendem Spiel, »Wut in der Brust, Verzweiflung in der Seele« zogen die Österreicher dem Neutor zu. Alle Waffen und Pferde mußten dabei an die Franzosen abgegeben werden. (Die Gewehre schenkte Napoleon dem Kurfürsten von Bayern, sie wurden in der Dreifaltigkeitskirche zwischengelagert). General Graf de Séguer berichtete als Augenzeuge über dieses Erlebnis:

»Auf dem Vorbeimarsch blieben mehrere Gefangene stehen, um ihren Besieger zu betrachten; hingerissen schrien viele: ›Es lebe der Kaiser!‹ Dann legten alle in großer Erregung – die einen mit Unwillen, die anderen mit sichtlicher Hast – ihre Waffen nieder. Die Infanteristen warfen ihre Flinten auf die beiden Straßendämme, die Kavalleristen saßen ab und überließen die Pferde unseren Reitern, und die Artillerie verließ ihre Geschütze, deren sich unsere Artilleristen bemächtigten. Nur die Offiziere, die auf ihr Ehrenwort entlassen wurden, behielten ihre Waffen.
In unseren Reihen brach beim Anblick dieses Triumphes eine Begeisterung aus, die nur schwer zurückgehalten werden konnte. Während dieses langen Defilierens behielt der Kaiser die österreichischen Offiziere an seiner Seite zurück. Sein Wesen und seine Worte waren sanft an sie, wohlwollend, ja fast zärtlich. Er suchte sie über ihr Unglück zu trösten und sagte zu ihnen, daß der Krieg ein Glücksspiel sei. Da sie oft Sieger gewesen, müßten sie sich diesmal darein ergeben, besiegt worden zu sein. Dieser Krieg, in den sie ihr Gebieter verwickelt habe, sei ungerecht und ohne Grund geführt worden; offen gestanden, wüßte er nicht, warum er sich schlüge und was man von ihm wolle.
Als einer der österreichischen Generäle die ganz mit Kot bespritzte Uniform des Kaisers bemerkte, knüpfte er eine Unterhaltung über die Anstrengungen, die Napoleon in einem so regnerischen Feldzug auszustehen gehabt habe, an. Lächelnd antwortete der Kaiser: ›Ihr Gebieter wollte mir wieder ins Gedächtnis zurückrufen, daß ich ein Soldat war; ich hoffe, er sieht ein, daß der kaiserliche Purpur mich meinen ersten Beruf nicht hat vergessen lassen.‹
Andere Worte folgten; wie man sagt, auch drohende gegen den Kaiser von Österreich. Mack war bei allen diesen unglücklichen Szenen anwesend. Einer von uns, neugierig, einen so großen Unglücklichen in der Nähe zu betrachten, wandte sich an ihn, ohne ihn zu kennen, mit der Bitte, ihm doch den General zu zeigen. Der Feldmarschall antwortete: ›Sie sehen den unglücklichen Mack vor sich!‹
Während der Waffenstreckung rief Napoleon dem geschlagenen Mack zu: ›Ich könnte Sie hängen lassen, denn Sie haben Ihr mir gegebenes Ehrenwort (im Jahre 1800) sich von Paris nicht zu entfernen, gebrochen; Sie haben mir aber zu gute Dienste geleistet, deshalb erlaube ich Ihnen, auch hinzugehen, wohin Sie wollen.‹
Ja, er war in der Tat sehr unglücklich, der Arme, welch ein trauriges Beispiel, welch beklagenswerter Fall; wie war nun seine Berühmtheit so grausam verschieden von der, die er erträumt hatte!
Zum sechsten und letzten Mal kehrte Napoleon gegen

Übergabe der österreichischen Armee durch Feldmarschall Mack
an Napoleon am 20. Oktober 1805 in Ulm.

Der Feldmarschall sagte in dieser Situation: »Sie sehen den unglücklichen
Mack vor sich«.

Kupferstich von Francois Grenier

Übergabe der Stadt Ulm auf dem Kienlesberg-Felsen am 20. Oktober 1805.

Colorierter Kupferstich von P. Brunnelliere,
nach einem Gemälde von Thevénin

22 Uhr nach Elchingen zurück, wo er sich beeilte, die Trophäen des Sieges unter seine Verbündeten und Frankreich zu verteilen. Paris erhielt die bei Wertingen eroberten, der Senat die Fahnen von Ulm, Frankreich 60 000 Gefangene, dazu bestimmt, wie er sagte, unsere Soldaten in den Feldarbeiten zu unterstützen. Alle erreichten indes nicht ihren Bestimmungsort, denn eine große Anzahl war entkommen, ehe sie unsere Grenzen überschritt.«

Noch am 20. Oktober berichtete FML v. Mack an Kaiser Franz das unglückliche Ereignis:

»Die schrecklichste Nachricht, die Eure Majestät jemals traf, bin ich Unglücklicher in der traurigen Lage geben müssen, dies nämlich, daß die Armee in Deutschland, die zwei Korps von Kienmayer und Jellachich ausgenommen, beinahe ganz aufgerieben und dem Feinde in die Hände gefallen sind. Es mögen, vom Erzherzog und mir angefangen, Fehler begangen worden sein, durch welche das Unglück vergrößert wurde, aber immer hätte es unvermeidlich so kommen müssen, weil in jeder Stellung, die wir gehabt hätten, die fast doppelte Anzahl Franzosen uns ein ähnliches Schicksal zu bereiten, das leichteste Spiel gehabt hätten. Wäre selbst die österreichische Armee am Inn aufgestellt gewesen, so würde Napoleon sie nach Wien zurückgeworfen, die Tiroler Pässe genommen und die Armee in Italien zum Rückzuge genötigt haben. Es zeigte sich nun, daß der französische Kaiser alles und alles, was er nun mobil machen konnte nach Deutschland geworfen und nach Italien keine Verstärkung gesandt hat.«

General Marmont, Kommandeur des II. Korps, schreibt kurz darauf folgendes in sein Tagebuch:

»Die französischen Truppen besetzten den Rand der Ebene nach Divisionen und Brigaden in Kolonnen formiert, die Spitze jeder Kolonne am Fuße des Amphitheaters, das Ende höher hinauf: die Artillerie jeder Division zwischen den Brigaden. Das Lannes'sche Korps war auf dem Wege nach München und es war nur das meinige und das Neysche gegenwärtig, und auf die angegebene Weise in acht Kolonnen formiert.

Der Kaiser hatte seinen Platz auf dem Kienlesberg-Felsen genommen, hinter sich seinen Generalstab, und weiter zurück seine Garde. Die österreichische Kolonne kam aus dem Stuttgarter Tor heraus, marschierte parallel mit der Richtung unserer Kolonnenspitzen, defilierte vor dem Kaiser und legte 100 Schritt weiter die Waffen ab. Hierauf kehrten die Soldaten durch das Neutor nach Ulm zurück; auf diese Weise zogen 28 000 Mann durch ein neues kaudinisches Joch.

Ein solches Schauspiel läßt sich nicht wiedergeben und sein Eindruck ist mir noch in der Erinnerung gegenwärtig. Welche Trunkenheit erfüllte unsere Soldaten! Welcher Preis für die einmonatliche Anstrengung; welchen Eifer, welche Zuversicht flößt ein solches Resultat einer Armee ein! Mit dieser Armee konnte man jetzt alles unternehmen.

Indessen dachte ich mit einer Art von Mitleid über das Schicksal braver Soldaten nach, deren Tapferkeit durch schlechtes Kommando mißbraucht war. Niemand kann ihnen ein Unglück vorwerfen, dessen Opfer sie wurden; während dies Unglück von seiten ihrer Befehlshaber ein Fehler und zugleich ein Verbrechen ist. Diese Betrachtungen wurden mir durch die Verzweiflung, welche sich auf dem Gesicht einiger höherer und niederer Offiziere malte, eingeflößt. Dagegen geriet ich in eine Art von Indignation, als ich bemerkte, wie einer der ersten Generäle, Giulay, eine zufriedene Miene zeigte und nur bemüht schien, den Marsch zu regeln und in Richtung zu korrigieren. Im Grunde wurde die Verzweiflung, welche ich bei dieser ganzen Armee voraussetzte, nur von wenigen Leuten empfunden. Inmitten der Zeremonie begab ich mich nach der Stelle, wo die Soldaten ihre Gewehre zusammensetzten; ich muß es hier sagen, sie ließen eine unpassende Freude blik-

Kapitulation von Ulm am 20. Oktober 1805

Litographie nach Martinet

ken, während sie sich ihres Kriegsgeräts entledigten.
Das war das Resultat dieses so kurzen und entscheidenden Feldzuges, bei dem unsere geschickten Bewegungen durch die Unfähigkeit des feindlichen Feldherrn wunderbar unterstützt wurden. Dieser Umstand ist übrigens eine notwendige Bedingung zu sehr großen Erfolgen, selbst für die größten Feldherrn.«

Die österreichische Armee in Schwaben war verschwunden. Das erste Korps, durch das dritte unterstützt, war in München eingerückt. Die schwachen Trümmer der österreichischen Armee, die aus dem Korps Kienmayer und Merfeldt und einigen anderen Detachements bestanden, machten im ganzen nur 25 000 Mann aus. Nachdem der Kaiser den Lech zur Operationsbasis und Augsburg zu seinem Depotplatze gewählt hatte, marschierte er mit seiner ganzen Armee auf den Inn. (Der Schlacht von Austerlitz entgegen.)
Das VI. Korps, das in Ulm geblieben und um die Division Dupont schwächer geworden war, erhielt den Befehl, in Tirol einzudringen. Es marschierte über Kufstein in Richtung auf Innsbruck und erhielt den Auftrag, den Erzherzog Johann aus Tirol zu verjagen, dessen Rückzug durch das Weichen aller österreichischen Armeen, und namentlich durch die Bewegung nötig geworden war, welche der Erzherzog Carl unverzüglich beginnen wollte …
Am nächsten Tage wurden die Formalitäten erledigt: die Offiziere erhielten ihre Reisepässe, und schon am Mittag verließen die ersten Kolonnen die Stätte ihrer Schmach. Die letzten konnten jedoch erst nach drei Tagen aufbrechen. Mack reiste bereits am Morgen des 21. Oktober über Augsburg nach Wien. Bei der Abreise Macks von Ulm begleiteten ihn alle Generäle und sein Stab zum Wagen. Mack verabschiedete sich mit den Worten: »Ich habe die österreichische Monarchie gerettet und begebe mich nun zu Seiner Majestät nach Wien.« Auch lange nach dem Feldzug von Ulm fehlte Mack noch jede Selbsterkenntnis.

Österreichischen Berichten zufolge belief sich die Zahl der Gefangenen auf sieben Feldmarschall-Leutnante, acht General-Majore und 23 000 Mann, darunter 3000 Reiter und 273 Artilleristen. Ferner fielen den Franzosen 49 Geschütze, 50 Munitionswagen und viel Gepäck in die Hände.
Die französischen Angaben hierzu liegen, wie gewöhnlich, höher. Danach kapitulierten in Ulm 25 325 Mann, wurden 40 Fahnen, 65 Geschütze, 42 Wagen, 13 600 Gewehre und 6524 Geschützkugeln erbeutet. Die Gesamtverluste der Österreicher bei Ulm und in den vorausgegangenen Gefechten werden ohne die Gefangenen Marschall Murats, die bei der Verfolgung des Erzherzogs Ferdinand und des FML v. Werneck nachträglich kapitulierten, auf 42 880 Mann beziffert.
Der für Ulm und seine Umgebung durch den Feldzug des Jahres 1805 verursachte Schaden betrug insgesamt 1 846 229 Gulden. Ulms Festungswerke wurden abermals geschleift, wozu jeder Gewerbetreibende einen Mann abstellen mußte.

Waffenstreckung der österreichischen Armee vor Napoleon am Michelsberg

Colorierter Kupferstich von Pigeot, nach einer Zeichnung von Swebach

Kaiser Napoleon verläßt Elchingen

Obwohl es in den letzten sechs Tagen und Nächten elf mal im Konventgebäude brannte, das Sommerhaus im Kloster und der Heustadel unten im Tal ein Raub der Flammen wurden, begann der Montag, 21. Oktober 1805, damit, daß morgens um 6 Uhr die Feuerglocke geläutet wurde. Das Bauernhaus des Söldners Benedikt Ruchti (heute Klostersteige 29), in dem Soldaten des V. Korps Lannes übernachteten, stand in hellen Flammen. Ein starker Herbstwind begünstigte das Feuer so, daß auch umliegende Häuser bedroht waren. Innerhalb kurzer Zeit brannte das Haus bis auf die Grundmauern nieder. Marschall Lannes ließ deshalb den Ruchti noch am gleichen Vormittag zu sich rufen und zählte ihm vom Sold der Soldaten, welche den Brand verursacht hatten, aus der Regimentskasse 100 Napoleon d'or (das entsprach etwa 900 Florins). Söldner Ruchti hatte damit einen guten Grundstock, seinen Bauernhof wieder aufzubauen.

Bevor Kaiser Napoleon am 21. Oktober 1805 Oberelchingen verließ, richtete er an seine Truppen folgende Proklamation:

»Soldaten der großen Armee! In 14 Tagen haben wir unser Ziel erreicht. Wir haben die Truppen Österreichs aus Bayern verjagt und unseren Verbündeten wieder in seine Staaten eingesetzt. Die feindliche Armee, die mit soviel Kühnheit und Unvorsichtigkeit gegen unsere Grenzen vorging, ist vernichtet. Was liegt aber England daran? Seine Absicht ist erreicht. Wir sind nicht mehr in Boulogne. Darum werden aber seine Hilfsgelder nicht größer und nicht kleiner werden.
Von den 100 000 Mann der feindlichen Armee sind 60 000 Kriegsgefangene in unseren Händen; diese werden unsere Rekruten in der Feldarbeit ersetzen. Ferner sind 200 Geschütze, der ganze Wagenpark, 90 Fahnen und alle Generäle in unserer Macht, kaum 15 000 Mann konnten sich retten.
Soldaten! Ich hatte Euch eine große Schlacht in Aussicht gestellt, aber dank den schlechten Manövern des Feindes habe ich dieselben Erfolge erzielt, ohne in die Gefahr einer Schlacht laufen zu müssen. Und was einzig in der Geschichte der Völker dasteht, ein solches Resultat schwächt unsere Streitkräfte nur um 1500 Mann, die außer Gefecht gesetzt sind.
Soldaten! Dieser Erfolg wurde erreicht durch Euer unbegrenztes Vertrauen zu Eurem Kaiser, Eure Geduld, Strapazen und Entbehrungen jeder Art zu ertragen und Eure Unerschrockenheit.
Aber hier werden wir nicht stehenbleiben: Ihr seid ungeduldig, den zweiten Teil des Feldzuges zu beginnen. Wir werden der russischen Armee, die das Gold Englands vom Ende der Welt uns entgegen führt, dasselbe Schicksal bereiten. In diesem Kampf handelt es sich besonders um die Ehre der Infanterie und es wird sich zum zweiten Mal die Frage entscheiden, wie schon vorher in der Schweiz und in Holland: Ist die französische Infanterie die zweite oder die erste in Europa? Ich habe keine Generäle gegen mich, die zu schlagen mir zum besonderen Ruhme gereichen würde; alle meine Sorgfalt werde ich darauf verwenden, den Sieg mit möglichst wenig Blutvergießen zu erkämpfen, denn meine Soldaten sind meine Kinder. Napoleon«

Diese Fürsorge für die Soldaten kommt in dem gleichzeitig erlassenen Dekret vom 21. Oktober zum Ausdruck:

»Die große Armee hat durch Mut und Hingebung Erfolge erzielt, wie man sie erst am Ende des Feldzuges erhoffen konnte. In Anerkennung ihrer Leistungen und als Zeichen unserer kaiserlichen Zufriedenheit haben wir daher beschlossen und verfügen wie folgt:

Artikel 1:
Der Monat Oktober des Jahres 1805 wird allen, die zur Großen Armee gehören, als Feldzug angerechnet. Dieser Monat wird als solcher in die Listen behufs Festsetzung der Pensionen und militärischen Dienstleistungen eingetragen.

Übergabe der Festung auf dem Kienlesberg-Felsen am 20. Oktober 1805

Artikel 2:
Unsere Minister des Krieges und des Schatzes werden mit der Ausführung dieses Dekrets beauftragt.   Napoleon«

Den ganzen Vormittag über herrschte im Hauptquartier Aufbruchstimmung; alle waren voll beschäftigt.

Nach amtlichen Feststellungen des Landgerichtes Elchingen belief sich der Schaden, den Oberelchingen und das Kloster durch die Kriegseinwirkungen erlitten hatten, auf 64 463 Gulden.

Noch vor seiner Abreise wies deshalb Kaiser Napoleon 6000 Livres an, die in Augsburg abgeholt werden mußten.

Nach Einzelaufzeichnungen des Klosters bezifferte sich der an den verschiedenen Privathäusern entstandene Schaden wie folgt:

Braumeister Mühleisen	9000 fl
Ziegeler Eisenlauer	7000 fl
Materialist Vidal	4000 fl
Posthalter Zeller	4000 fl

Gegen 13 Uhr verließ Kaiser Napoleon in einem prunkvollen Reisewagen, der von acht prächtigen Pferden gezogen wurde, Oberelchingen, die Stätte seines glanzvollen Sieges. Neben ihm saß sein Kriegsminister und Generalstabschef Berthier. Auf dem Bock hockte der kaiserliche Leibmameluck Martin.

Der kaiserliche Konvoi setzte sich folgendermaßen zusammen:

Der Garde zu Pferd ritten einige Grenadiere voraus; dann folgten drei Generäle, hinter welchen wiederum eine Eskadron (150 Reiter) von der Garde zu Pferd ritt. Diesen folgten 50 Grenadiere zu Fuß mit den in Ulm erbeuteten Fahnen. Hinter den Fahnen fuhr der Reisewagen mit dem Kaiser und seinem Kriegsminister, gefolgt von drei weiteren Reisekutschen, die mit Vertrauten des Kaisers belegt waren. Diesen folgten die kaiserliche Dienerschaft und Packpferde. Hinter diesen ritt wieder die Garde zu Pferd, welche den Schluß vom Klosterhof her bildete.

Der Zug bewegte sich die Dorfstraße (Klostersteige) hinunter, dann durch die Riedgasse (liegt heute unter dem Bahnkörper) und beim Heustadel vorbei in Richtung Eichele, um über Weißingen, Riedheim, Leipheim und Günzburg nach Burgau zu gelangen, wo wieder übernachtet wurde.

Als der kaiserliche Zug durch die Riedgasse am Heustadel vorbeifuhr, mußten sich die im Garten von Benedikt Benz und in den danebenliegenden Gärten (heute Klosterapotheke und Schmucker) biwakierenden 2200 österreichischen Gefangenen anschließen. Diesen folgten dann mit klingendem Spiel die Garde zu Fuß. Insgesamt waren es etwa 12 000 Mann. Allen voran ritt der Elchinger Klosterschmied und Bürgermeister Georg Hiller, der dieser Kolonne den Weg über Riedheim nach Leipheim zeigen mußte. Leider war sein Pferd nicht mehr das Beste und ausgerechnet bei Riedheim brach es zusammen. Schmied Hiller fragte deshalb den in der Nähe reitenden General Rapp, ob er nun nach Oberelchingen zurückkehren dürfe. Dieser stimmte ihm zu, wenn er dem neben ihm reitenden Soldaten einen Taler gäbe. Bevor jedoch der Schmied in seine Tasche greifen konnte, faßte General Rapp hinein, nahm zwei Florins, 59 Kreuzer heraus und übergab sie dem Soldaten. Napoleon, der dies angeblich beobachtet hatte, habe nur dazu gelacht.

Damit war außer dem französischen Lazarettpersonal und den Verwundeten in der Kirche kein Militär mehr in Oberelchingen.

Napoleon erreichte am 25. Oktober München und zog am 13. November mit seiner Armee in Wien ein.

Am 2. Dezember schlug er die Russen und Österreicher bei Austerlitz. Das Schicksal des europäischen Kontinents war damit entschieden.

Im Jahre 1806 legte Kaiser Franz II. die Würde als Kaiser Deutschlands nieder.

Kapitulation von Ulm am 20. Oktober 1805

Colorierter Kupferstich von Johannes Hans

Biographie
des Marschalls Michel Ney

Marschall des Reiches, Herzog von Elchingen
und Fürst von der Moskowa

Als im Jahr 1680 der Sonnenkönig Ludwig XIV. für die damalige Festung und heutige Stadt Saarlouis den Grundstein legen ließ, ahnte er sicher nicht, daß in ihr 89 Jahre später einer der bekanntesten, Weltgeschichte machenden, französischen Marschälle geboren wird.
Der Vater dieses berühmten Mannes, der am 2. März 1738 geborene Pierre Ney, hatte selbst mehrere Jahre unter König Ludwig XV. in der französischen Armee gedient. Nach seinem Ausscheiden im Jahr 1764 als Feldwebel – dem damals höchstmöglichen Dienstgrad eines Nichtadeligen – hat er sich in der damaligen Festung und heute sehenswerten und an militärische Glanzzeiten erinnernden Stadt Saarlouis als Küfermeister (Böttcher) in der Bierstraße 13 niedergelassen und mit 28 Jahren am 13. Januar 1767 Margaretha Greveliner aus Büdingen bei Merzig geheiratet. (Anmerkung: Das Geburtshaus Bierstraße 13 ist heute ein Speiserestaurant und heißt: »Auberge Maréchal Michel Ney«.)
Aus dieser Ehe gingen zwei Söhne, Pierre und Michel, sowie die Tochter Margarethe, hervor.
Es wird berichtet, daß Vater Ney nach Feierabend gerne von seinen Soldaten- und Kriegserlebnissen erzählte und seine Söhne, ganz besonders aber Michel, aufmerksame Zuhörer waren.
So ist es denn auch nicht verwunderlich, wenn der am 10. Januar 1769 geborene und im übrigen mit Napoleon I. fast gleichaltrige Sohn Michel neben seiner Schulzeit mit seinen Freunden auch noch »Soldaten« spielte. Dies erstaunt um so weniger, da die Festungsanlagen oder der große Paradeplatz der Stadt nur ca. 200 m von seinem Elternhaus entfernt lagen und somit nahezu mitten unter vielen Soldaten wohnte und lebte. Bei diesem »Soldatenspielen« stellte Michel seine Spielgefährten in Reih und Glied auf und kommandierte und exerzierte sie wie ein richtiger Unteroffizier. So zeigte sich schon sehr früh, daß ihm bereits in die Wiege gelegt worden war, was andere teilweise auf der Kriegsschule erst noch erlernen mußten.

Nachdem der junge, rothaarige Michel einige Jahre das Augustinerkolleg mit Erfolg besucht hatte, sollte er – nach Ansicht des Vaters – einen gut bürgerlichen Beruf, etwa Advokat, ergreifen. Beim Notar Valette wurde er Notarlehrling. Der aufgeweckte junge Michel mit seiner schönen Handschrift brachte es bis zum Sekretär des »procureur du roi«. Danach wechselte er zweimal seinen Arbeitsplatz, wo er jedesmal in einem naheliegenden Hüttenwerk beschäftigt war.
Als er anschließend seinen Eltern klarzumachen versuchte, daß er die Absicht habe, Soldat zu werden, waren diese nicht sonderlich begeistert. Doch alles Bitten und selbst die Tranen seiner Mutter halfen nichts. Nachdem ihm der Vater für die Reise etwas Geld besorgt hatte, verließ der große und schlanke Michel Ney mit 18 Jahren sein Elternhaus und meldete sich am 1. Februar 1787 beim Regiment des »Colonel-General Lussard«, dem späteren 4. Husarenregiment in Metz. Dieses Regiment kommandierte Generaloberst Herzog von Chartres.
Bereits während seiner Ausbildungszeit als Husar ist der talentierte, sportliche Ney aufgefallen; er war der beste Reiter und Fechter im ganzen Regiment. Da mit dem Ausbruch der Französischen Revolution am 14. Juli 1789 die alten Adelsprivilegien abgeschafft wurden, waren in der Armee gute, intelligente Soldaten besonders gefragt. So ist es auch nicht verwunderlich, wenn Ney die unteren Dienstgrade sehr schnell durchlief (Januar 1791 Unteroffizier; Februar 1792 Sergeant; Mai 1792 Wachtmeister) und am 14. Juli 1792 Unterleutnant wurde.
Diese sehr entscheidende Beförderung (sie war bisher nur Adeligen vorbehalten gewesen) wurde nach den in der Revolutionsarmee herrschenden Sitten besonders gefeiert. Seine alten Kameraden schossen den Tornister von Ney in Stücke, weil er diesen als Offizier künftig nicht mehr benötigte.
Ney befürwortete zwar den politischen und wirtschaftlichen Fortschritt, verabscheute aber das sinnlose Morden unschuldiger Adeliger und Geistlicher. Außerdem wollte er seinen

Marschall Michel Ney, Herzog von Elchingen

Mut nicht im Umbringen Wehrloser, sondern auf dem Schlachtfeld mit ebenbürtigen Gegnern unter Beweis stellen. Alle diese Beförderungen fallen in den Zeitraum, in dem die Söhne der Revolution dem aristokratischen Europa den Fehdehandschuh hinwarfen. Spätestens als König Ludwig XVI. auf das Schafott geführt wurde, war bei allen europäischen Monarchen die Geduld zu Ende. Bereits am 20. April 1792 erklärten die Österreicher als erste Nation den Franzosen den Krieg.

Im Juli 1792 verließ das Husarenregiment mit dem 23 Jahre jungen Wachtmeister Michel Ney die Garnisonsstadt Metz mit Richtung südlicher Argonnerwald, um gegen die Österreicher und Preußen zu ziehen, die den Rhein überschritten hatten und auf Paris zu marschierten.

Am 20. September standen sich bei Valmy (ca. 40 km westlich von Verdun) 50 000 Franzosen und 105 000 Österreicher und Preußen gegenüber und Ney mußte seine erste Feuertaufe über sich ergehen lassen. General Kellermann, der die französische Armee, und General Dillon, der die Brigade in der sich Ney befand, befehligte, wußten, daß von diesem Sieg der Fortbestand der französischen Demokratie abhängig war.

Im Lager der Alliierten war ein sehr bekannter Dichter und Schriftsteller als Beobachter, der über diese Schlacht folgendes schreibt:

»Von diesem Ort und von diesem Tage an beginnt eine neue Ära in der Weltgeschichte, und Ihr könnt alle sagen, daß Ihr bei ihrer Geburt zugegen wart.«

Dieser prominente Gast war kein geringerer als Johann Wolfgang von Goethe.

In dieser Schlacht entwickelten die Franzosen diesen bisher ungeahnten Geist des Angriffs, jenen begeisterten Schwung, der typisch wurde für die Revolution.

Nach diesem Kampf nahm der Krieg europäischen Charakter an. Den Franzosen gelang es, die Alliierten über den Rhein zu drängen und den Kriegsschauplatz auf deutschen Boden zu verlegen.

Ende des Jahres 1792 avancierte Ney zum Leutnant und ein Jahr später zum Adjutanten des Generals Lamark, unter welchem er bei der Sambre- und Maasarmee die weiteren Feldzüge der Revolution miterlebt hat. Im folgenden Jahr wurde er dem bekannten General Kleber als Adjutant zugeteilt, unter dessen Kommando er bereits 1794 den Dienstgrad eines Eskadronchefs erhielt. General Kleber war von dem unerschrockenen Mut und der hervorragenden Umsicht seines Adjutanten begeistert; er sagte damals:

»Mit einem solchen Führer kann ein General aufhören, die Zahl seiner Feinde zu zählen.«

Besonders bei der Belagerung von Maastricht hat Ney sich durch seine Energie und seinen Mut hervorgetan. Ungefähr 40 km von der Stadt entfernt fing er einen großen feindlichen Nachschubtransport ab. Nachdem die Aktion durch einen Husaren verraten wurde, versperrte ihm österreichische Kavallerie den Rückweg. Wie ein Sturm fiel er über sie her und kämpfte sich den Weg frei. Mit dem erbeuteten Transport und österreichischen Gefangenen erreichte er seine Stellungen. Prompt erfolgte seine Beförderung zum Oberst.

Wegen seines an Tollkühnheit grenzenden Mutes und seiner nicht erlahmenden Tatkraft hieß Ney schon damals »l'infatigable« (der Unermüdliche).

Während der Belagerung von Mainz ist Ney verwundet worden. Anfang 1795 meldete er sich jedoch schon wieder bei der Armee zurück und nahm unter General Jourdan an den Kämpfen in Deutschland, an Lahn und Sieg, teil. Für seine Verdienste wurde ihm der Dienstgrad eines Brigadegenerals verliehen, den er jedoch mit der Begründung ablehnte, daß er dessen nicht würdig sei. Nachdem er in seiner militärischen Anfangszeit viele königstreue Offiziere hatte stürzen sehen, dürfte der wahre Grund vielmehr verständliche Vorsicht und Klugheit gewesen sein.

In einer Reihe von weiteren erfolgreichen Kämpfen bei Altenkirch, Bendorf, Diersdorf, Obermerl und Montabaur zeichnete er sich wiederholt besonders aus. Diese Siege ausnützend, marschierte Ney sofort auf Würzburg zu, das sich nach wenigen Tagen ergab. Bei der Kapitulation von Forchheim fielen ihm 70 Geschütze sowie viele andere Waffen nebst Munition in die Hände.

Nach diesen bedeutenden Erfolgen trug ihm General Kleber erneut den Rang eines Brigadegenerals an, den er dann am 4. Mai 1799 – vom Direktorium befohlen – annehmen mußte.

In den folgenden Monaten kämpfte Ney mit beachtlichem Erfolg in Mitteldeutschland. Als er bei Gießen die österreichische Infanterie angriff und dabei sein Pferd stürzte, mußte Ney für kurze Zeit den Weg in die Gefangenschaft antreten. Auf Betreiben des Generals Hoche wurde er jedoch bald wieder ausgetauscht.

Ney, der bisher unter General Jourdan in der französischen Deutschland-Armee kämpfte, erhielt im Mai 1799 zum ersten Mal das Kommando über eine Division und wurde General Messéna unterstellt, welcher in der jungen Helvetischen Republik operierte.

Sein Debüt als Divisionskommandeur war nicht von großem Glück begleitet, denn bereits am 27. Mai mußte er bei Winterthur eine Schlappe hinnehmen. Zwei Pferde wurden unter ihm getötet und zweimal wurde er dabei verwundet.

»Du bist glücklicher gewesen, als Dein Bruder«, sagte man ihm nach der Schlacht. »Wie!« rief Ney und sah zu dem Sprecher mit ängstlichem Blick auf, »sprich, ist mein Bruder gar tot?«

Darauf berichtete man ihm, daß sein Bruder Peter Ney, inzwischen Offizier in der 55. Halbbrigade, gefallen sei. Bei dieser Trauernachricht verbarg Ney sein Gesicht in den Händen und sagte mit tränenerstickter Stimme: »Mein armer Peter! Und mein Vater und meine Schwester! Was wäre aus ihnen geworden, wenn auch ich heute gefallen wäre!«

– Am folgenden Tag schrieb Ney an seinen Vater, damit dieser sich seinetwegen keine Sorgen mache. (Seine Mutter war bereits am 4. November 1791 in Saarlouis gestorben.) Nach Beendigung des Feldzuges in der Schweiz kehrte Ney wieder zu den Truppen am Mittelrhein zurück, wo er unter General Moreau kämpfte. Kurze Zeit später wurde er zum Divisons-General befördert.

Über die Einnahme der Stadt Mannheim berichtete der Chef des Generalstabes folgendes:

> *Da die Rheinarmee zu wenig Truppen hatte, um die befestigte Stadt offen anzugreifen, verkleidete sich General Ney als Bauer. Er nahm einen Korb unter den Arm und gelangte so allein in die Stadt. Die vollkommene Beherrschung der deutschen Sprache, wie auch seine gelungene äußere Erscheinung, begünstigten diese List. In seiner Verkleidung kam er durch ganz Mannheim, und es gelang ihm, alles für ihn Wissenswerte auszukundschaften. Mit nur 150 kühnen und, gleich ihm, todesmutigen Soldaten gelang es Ney, beim Niederlassen der Zugbrücke die Wache zu überrumpeln und so in die Stadt zu kommen.«*

Napoleons Sieg am 14. Juni 1800 in Oberitalien bei Marengo – mit der Italienarmee – war von großer Bedeutung; viel bedeutender und entscheidender war jedoch die Schlacht der Deutschlandarmee am 3. Dezember 1800 in Oberbayern bei Hohenlinden.

Armeegeneral Moreau und ein bisher in der Weltgeschichte unbekannter neuer Offizier namens Michel Ney haben die österreichische Armee des Erzherzogs Johann völlig aufgerieben. An dieser glänzend geführten Schlacht hatte General Ney wesentlichen Anteil am Triumph und wurde zum ersten Mal international bekannt.

Bei Hohenlinden standen sich ca. 70 000 Franzosen und ca. 63 000 Österreicher gegenüber. Die Österreicher verloren dabei über 12 000 Mann und diese Niederlage war so entscheidend, daß sie zum Friedensvertrag von Lunéville (9. Februar 1801) führte. Deutschland mußte die linksrheinischen Gebiete an Frankreich abtreten, und die Macht der

Klöster wurde im ganzen Reich wesentlich beschnitten (Beginn der Säkularisation). Nach dem abgeschlossenen Friedensvertrag kehrte Ney nach Frankreich zurück und begab sich auf seinen Landsitz »La Petite Malgrange« bei Nancy, welchen er einige Jahre zuvor erworben hatte.

Napoleon, der zwischenzeitlich mit der Italienarmee große Erfolge in Italien und Ägypten errungen hatte, löste – unter dem Einsatz von Soldaten – am 10. November 1799 in Paris den »Rat der Fünfhundert« auf und wurde kurz darauf Erster Konsul.

Am 25. Dezember 1800 richtete er ein Manifest an die Nation, in welchem er versprach, sein Bemühen darauf zu richten, daß er der Republik durch Ordnung, Gesetzmäßigkeit und Mäßigkeit die Liebe der Bürger, durch Vertragstreue und Achtung fremder Unabhängigkeit die Ehrfurcht des Auslandes erwürbe. Daneben aber würden ein starkes Heer, lebhafter Korpsgeist der Soldaten und gescheite Beförderung aller befähigten Offiziere dazu dienen, Frankreich seinen Feinden furchtbar zu machen.

Inzwischen war Napoleon auf den – in der Rheinarmee unter seinem Rivalen Moreau kämpfenden – heldenmütigen Divisions-General Ney aufmerksam geworden. Im Mai 1801 hatte Ney die Ehre, dem Bürger-Konsul Napoleon Bonaparte durch den Kriegsminister Berthier in Paris vorgestellt zu werden. Nach kurzer Audienz in den Tuilerien, bei der er auch Josephine Beauharnais kennenlernte, kehrte er etwas enttäuscht auf seinen Landsitz zurück, wo er bis zum Dezember 1801 blieb.

Offensichtlich hatte es Napoleon darauf abgesehen, die Helden der Rheinarmee im Inneren des Landes verschwinden zu lassen, damit sie ihm für seinen weiteren Aufstieg nicht im Wege stehen würden. Einige tauchten jedoch im nächsten Jahr wieder auf, um an einer Expedition gegen die Negerrepublik in San Domingo teilzunehmen.

Als Ney fast alle seine alten Waffengefährten auf der Teilnehmerliste entdeckte, setzte er seinen Namen dazu.

Doch es sollte für ihn, den 32jährigen General, ganz anders kommen. Unter der sanften Regie der Gattin Napoleons, Josephine, wurde er mit seiner künftigen Gattin Aglaé Auguié zusammengeführt. Die 20jährige Mademoiselle Aglaé war nicht nur die Freundin von Josephines Tochter, sondern auch die Nichte der berühmten Erzieherin Madame Campan, die zu Josephines engster Umgebung gehörte.

Unter den Klängen einer Militärmusikkapelle fand schließlich am 5. August 1802 in der mit Kränzen und Girlanden geschmückten Kapelle des Schlosses Grignon (im Departement Seine et Oise) die Hochzeit statt. Dabei überreichte Napoleon dem Bräutigam als Hochzeitsgeschenk einen mit Juwelen verzierten türkischen Säbel mit den Worten: »Nehmen Sie diese Waffe als Erinnerung an die Freundschaft und die Achtung, die ich für Sie hege. Sie gehörte einem Pascha, der tapfer auf dem Schlachtfelde von Abukir starb; führen Sie dieselbe, wenn sich Gelegenheit bietet, die Republik zu verteidigen.« »General!«, antwortete Ney, überwältigt von dem prachtvollen Geschenk des Ersten Konsuls, »ich schwöre bei meiner Ehre, daß dieser Säbel mich nur mit meinem Leben verlassen soll!«

Auf einmal stand Ney mit seiner jungen Gattin in der besonderen Gunst Napoleons. Nach seiner Heirat verweilte er einige Tage auf Schloß Grignon, welches seinem Schwiegervater gehörte, und kehrte dann mit Aglaé auf seinen Landsitz zurück. Ney hatte eine Frau gefunden, die ihm bis über seinen Tod hinaus zuverlässig zur Seite stand und ihm vier Söhne schenkte.

Gegen Ende des Jahres 1801 war Ney zum General-Inspekteur der Kavallerie ernannt worden. Am 21. Oktober 1802 sandte ihn der Erste Konsul mit dem Titel eines bevollmächtigten Gesandten an der Spitze von etwa 40 000 französischen Soldaten in die Schweiz. Neys Mission war zunächst diplomatischer und politischer Art und er erfüllte sie mit Geschick und Umsicht. In einer unblutigen Operation ließ er das militärische Zentrum der Aufständischen ausheben und schaffte so die Voraussetzung für eine Friedensbasis, die in einem Vertrag am 19. Februar 1803 fixiert wurde. Dieser hat teilweise heute noch Gültigkeit.

Ney selbst erhielt von Napoleon für sein erfolgreiches Wirken – als besondere Anerkennung – eine goldene, mit Diamanten besetzte, Schnupftabakdose.

Nach einem kurzen Aufenthalt in Paris reiste Michel Ney am 3. März 1804 nach Montreuil in sein künftiges Hauptquartier, wo er das Kommando des VI. Korps übernahm. Dieses Korps mit sechs anderen wurden an der Kanalküste entlang zusammengezogen und für die Erstürmung Englands vorbereitet.

In diese Zeit fällt auch die öffentliche Diskussion im französischen Volk, den Absolutismus des herrschenden Konsulates in ein Kaiserreich mit Einführung der Erbfolge abzulösen.

Es kostete Ney keine Überwindung, wenn er auf Wunsch seiner Soldaten von Montreuil aus an den Konsul Napoleon Bonaparte folgenden Brief schrieb:

»*General Konsul!*
Die französische Monarchie ist unter dem Gewicht von vierzehn Jahren zusammengebrochen; der Lärm ihres Sturzes hat die Welt erschreckt und sämtliche Throne erschüttert. Einem gänzlichen Umsturz ausgeliefert, hat Frankreich in zehn Jahren der Revolution alles Böse durchgemacht, das die Nationen treffen kann.
Dann sind Sie erschienen, General Konsul, strahlend von Ruhm, gleißend von Genie, und plötzlich zerteilten sich die Gewitterwolken. Der Sieg hat Sie ans Steuer der Regierung gestellt; die Gerechtigkeit und der Friede haben neben Ihnen dort Platz genommen. Schon verblaßte die Erinnerung an unser Elend, und die Franzosen kannten kein anderes Gefühl mehr, als das der Dankbarkeit, als ein entsetzliches Ereignis ihnen neue Gefahren zeigte.
Umsonst durch die Liebe von dreißig Millionen Menschen verteidigt, sind Ihre Tage bedroht worden; ... (Attentat in Paris. Der Verfasser)
An allen Ecken Frankreichs wird derselbe Schrei laut; seien sie nicht taub gegen diesen Schrei des nationalen Willens. Nehmen Sie die kaiserliche Krone an, General Konsul, die Ihnen dreißig Millionen anbieten: Karl der Große, der größte unserer alten Könige, erhielt sie vormals aus den Händen des Siegs; mit noch größeren Anrechten empfangen Sie sie aus denen der Dankbarkeit. Möge sie auf Ihre Nachkommen übergehen, und mögen Ihre Tugenden sich mit Ihrem Namen fortpflanzen.
Was uns anbelangt, General Konsul, so weihen wir uns, von Liebe für das Vaterland und für Ihre Person erfüllt, der Verteidigung des einen wie des anderen.«

Mit überzeugender Mehrheit forderte das französische Volk Napoleon auf, die Kaiserkrone anzunehmen.

Am 20. Mai 1804 wurde Napoleon Bonaparte zum Kaiser der Franzosen proklamiert; bereits einen Tag vorher hatte er seine wichtigsten Generäle und alte Waffengefährten zu Marschällen befördert. Unter den vierzehn Auserwählten befand sich auch Michel Ney.

Vor dem Bankett, das er zu Ehren seiner Beförderung gab, gibt es folgende Anekdote:

Ney habe sich von den vielen schmeichelnden Gratulanten abgewandt und das Wort an einen bescheidenen, betagten Offizier gerichtet. »Entsinnen Sie sich noch der Zeit, Hauptmann«, fragte der betreßte Würdenträger, »als Sie mir manchmal sagten: »›Nicht übel, Ney. Fahren Sie so fort wie bisher, und Sie werden Ihren Weg machen, mein Junge ...‹« »Selbstverständlich, mein Herr Marschall«, erwiderte der andere. »Damals genoß ich die Ehre, einen besseren, als ich selbst es war, zu befehligen. Desgleichen vergißt man nicht.«
Und die beiden ließen ihre Gläser aneinander klingen, während ringsum juwelengeschmückte Frauen wohlwollend, leise lächelten.

Mit der Ernennung zum Marschall kam der 35jährige Saarlouiser zu einem stattlichen Vermögen. Er erhielt 60 000 Franken jährliches Einkommen, davon ein Drittel als Inhaber des Großkreuzes der Ehrenlegion.

Bei all diesem Reichtum führte Ney – im Vergleich zu anderen Marschällen – einen soliden Lebenswandel, er blieb auch weiterhin der bescheidene Böttchersohn.

Napoleon erstrebte mit diesen Zuwendungen von Rang, Einkommen und Besitz eine soziale Unabhängigkeit seiner Marschälle und die Sicherung seiner eigenen Macht und seines Reichtumes an.

Der französische Traum, den Kanal zu überqueren und die Engländer zu besiegen, war kurz. England finanzierte eine neue Koalition mit Österreich, Rußland, Schweden und Neapel und schon wurde in Wien eine Armee aufgestellt, die in Süddeutschland einmarschierte.

Am 27. August 1805 erhielt Ney die Anweisung, sich für einen Abmarsch in Richtung Deutschland bereitzumachen. Am 31. August verließ das VI. Korps das Lager von Boulogne mit ca. 25 000 Mann und sechsunddreißig Kanonen. Ney ritt ca. vierzig Schritt vor der ersten Reihe seiner Soldaten und träumte von neuen Heldentaten und Siegeslorbeeren.

Auf einer Route südlich von Paris erreichte er bei Selz den Rhein, den er mit Booten am 27. September überquerte und alsbald Stuttgart – Heidenheim – Burgau – Günzburg und Elchingen erreichte.

Nach der Schlacht von Elchingen beziehungsweise der Übergabe der Stadt Ulm marschierte er mit seinen Truppen nach Tirol, besetzte Innsbruck und den Brenner. Mit dem Rest marschierte er nach Kärnten und Wien, wo er von Napoleon nach der Schlacht von Austerlitz (2. Dezember 1805) erwartet wurde.

Nach dem Preßburger Frieden vom 26. Dezember 1805 wurden Ney und seine Soldaten an die obere Donau abkommandiert, wo er im Schloß Warthausen bei Biberach sein Hauptquartier aufschlug.

Als er einige Wochen später, mit seiner jungen, hübschen Frau, in den Pariser Salons wieder auftauchte, wurde der »Held von Elchingen« von den Hofdamen und Würdenträgern gleichermaßen gefeiert und bewundert.

Ein knappes Jahr später, am 8. Oktober 1806, kämpfte er bereits wieder bei Jena und Auerstedt gegen die Preußen. Außerdem kapitulierte die Stadt Magdeburg, wobei 16 000 Mann, 20 Generäle und ca. 800 Geschütze sowie viele Waffen, Munition und Proviant in seine Hände fielen. Schließlich hielt er am 16. November 1806 an der Spitze seiner Avantgarde Einzug in Berlin.

Auch der bescheidene Michel Ney hatte als Marschall viele Repräsentationspflichten. Sein relativ kleines Haus »La Petite Malgrange« bei Nancy war dazu viel zu klein; deshalb kaufte er Ende 1806/Anfang 1807 das Schloß Condreaux mit 3000 Hektar Land, ca. 70 km südwestlich von Paris bei Châteaudun.

Außer seinen bisherigen Bezügen erhielt er jetzt weitere 28 000 Franken jährlich, dazu eine einmalige Summe von 300 000 Franken in bar und 300 000 in Wertpapieren. Das bedeutete zwar Reichtum, aber es war damals keineswegs eine ungewöhnlich hohe Belohnung für einen tapferen und siegreichen Marschall der Großen Armee.

Anfang Januar 1807 wagte Ney ohne Auftrag einen Vorstoß gegen Königsberg, während Napoleon mit dem übrigen Heer inzwischen sein Winterquartier in Warschau aufgeschlagen hatte. Hier wurde Ney mit seinen 16 000 Mann von 63 000 Russen unter General Bennigsen und 13 000 Preußen hart bedrängt. Er verlor dabei 2000 Mann und bekam dafür von Napoleon zusätzlich noch eine Rüge. Generalstabschef Berthier hatte ihm geschrieben: »Der Kaiser, Herr Marschall, hat in dem Ganzen seiner Pläne weder Ratschläge, noch Feldzugspläne nötig; niemand kennt seine Gedanken und unsere Pflicht ist es, zu gehorchen.«

Daraufhin war der Befehlshaber des VI. Korps sehr zerknirscht. Er schrieb an den Generalstabschef Berthier einen

Brief voller Entschuldigungen und beteuerte seine Ergebenheit gegenüber dem Kaiser.

Eine der grausamsten Schlachten fand auf den schneebedeckten Feldern bei Preußisch Eylau, am 8. Februar 1807, statt, die das VI. Korps nur noch am Rande miterlebte. Als Ney am nächsten Tag mit seinen Soldaten über das Schlachtfeld marschierte, lagen 50 000 Tote und Verwundete rechts und links der Straße. Ähnlich war es in Eylau selbst. Die Stadt war angefüllt mit Verwundeten und Sterbenden, denen nicht geholfen werden konnte. »Was für ein Blutbad, und alles umsonst«, äußerte sich Ney dazu, nachdem die Hauptmacht der Russen entkommen konnte. Misthaufen waren bevorzugte Wärmplatze, um nicht zu erfrieren.

Im Gebiet um Eylau standen sich Franzosen und Russen bis Juni in einer Defensivstellung gegenüber.

Am 19. Juni 1807 kam es bei Friedland zu heißen Kämpfen. In diesen bildete Ney mit 14 000 Mann den rechten Flügel und Napoleon hatte ihn mit dem Hauptangriff beauftragt.

»Die Initiative überläßt man dem Marschall Ney«, heißt es in der Direktive. Wenn Kaiser Napoleon bei den Soldaten und Schlachten der Kopf war, dann bildete Marschall Ney die Faust und die Seele.

Um fünf Uhr abends eröffnete Ney mit 20 Kanonen den Angriff gegen die Russen. Dieser Angriff brachte zwar keine Entscheidung, aber für Ney den schönsten Ehrentitel, »le brave des braves« (der Tapferste der Tapferen), den ihm bereits seine begeisterten Soldaten schon längst gegeben hatten.

»Dieser Mann ist ein Löwe«, kommentierte Napoleon den Sieg von Ney, und Berthier schrieb den Satz: »Sie können sich keinen Begriff von dem glänzenden Mut des Marschalls Ney machen.«

Der 175 cm große, schlanke Ney war streng, wortkarg und ein Vorbild für seine Soldaten. Vertraulichkeiten mit seinen Leuten lagen ihm nicht. Trotzdem hatte er wegen seiner Ehrlichkeit alle ihre Sympathien. Wo er bei seiner Truppe auftauchte, riefen die Soldaten: »Der Rotkopf kommt«.

Wenn der Kaiser ihn lobte oder, wenn sein Korps ausgeruht, mit brausender Musik und wehenden Fahnen an ihm vorbeimarschierte, traten ihm vor Rührung Tränen in die Augen.

Bei den vielen Feldzügen der »Grande Armee« haben die meisten Marschälle besonders Wertgegenstände gestohlen wie die Raben. Ney aber war derjenige, der sich am wenigsten aneignete, den geringsten Aufwand trieb und den Troß seines Korps selten mit eigenem Gepäck belastete. Ja, es machte ihm sogar ein grimmiges Vergnügen, bei schwierigen, gefahrvollen Rückzügen seinen eigenen Gepäckwagen als ersten stehen zu lassen, anzuzünden oder den Abhang hinunter zu stürzen.

Der Krieg in Spanien und Portugal führte den Marschall im Herbst 1807 mit seinem VI. Armeekorps (ca. 30 000 Mann) auf die iberische Halbinsel. Er war der »Armee von Portugal«, die unter dem Oberkommando des Marschalls Soult stand, zugeteilt. Während dieser Zeit, und zwar im Mai 1808, wurde Marschall Ney von Napoleon aufgrund seiner hervorragenden Leistungen, anläßlich einer Feier in Paris, zum Herzog von Elchingen ernannt.

Die Charakteristik der Kämpfe in diesen Jahren gegen die Spanier und Portugiesen, welche von den Engländern unterstützt wurden, geht am besten aus einer Unterredung hervor, die Marschall Ney mit Napoleon in Madrid führte. Als dort der Kaiser eines Morgens nach einer Truppenschau in den Palast zurückkehrte, fand er seine Armeekorpskommandeure versammelt. Er ging auf Ney zu und sagte zu ihm: »Nun, mein Herr Unzufriedener, ich habe treffliche Nachrichten erhalten. Romana hält sich keine 14 Tage mehr und die Engländer sind geworfen; in drei Monaten ist alles beendet.« Marschall Ney schwieg darauf und richtete seinen Blick zu Boden. Napoleon runzelte die Stirn und fragte in etwas gereiztem Ton: »Herr Marschall, werden Sie mich mit einer Antwort beehren?« »Sire!«, entgegnete Ney, »das erfordert längere Zeit. Ich sehe es nicht, wie Ew. Majestät, daß unsere Sache vorwärts schreitet. Diese Leute sind starrköpfig.

Weiber und Kinder mischen sich ein; sie töten unsere Leute im kleinen und ich fürchte, dieser Krieg wird eine schlimme Wendung nehmen. Es ist keine Armee, die wir zu bekämpfen haben, es ist ein ganzes Volk; ich sehe kein anderes Ende ab, als unser Verderben.«

Ney stand damals unter den Marschällen mit seiner Meinung allein. Er hatte den Mut zur unbequemen Wahrheit. Wie recht er allerdings mit seiner Aussage hatte, mußte der Kaiser leider sehr bald zur Kenntnis nehmen.

In all den fanatischen kriegerischen Auseinandersetzungen, bei denen fast das ganze VI. Korps aufgerieben wurde, zeichnete sich Ney – der nicht nur seine Soldaten, sondern auch die Zivilbevölkerung mit Lebensmitteln versorgte – durch Menschlichkeit und Edelmut aus.

Zu den ebenfalls in Spanien kämpfenden Marschällen Murat und Messéna hatte er ein denkbar schlechtes Verhältnis, was im Jahre 1811 zu seiner Ablösung in Spanien führte.

Als der Zar von Rußland am 8. April 1812 den Rückzug aller französischen Truppen hinter die Elbe forderte, organisierte Napoleon die stärkste Armee, die er je hatte, und überschritt am 24. Juni 1812 den Njemen, die russische Grenze. In diesem unheilvollen russischen Feldzug befehligte Marschall Ney das III. Armeekorps, das aus je einer französischen, holländischen und württembergischen Division bestand und über insgesamt 37 000 Mann verfügte. Napoleon führte das Zentrum der Armee, das direkt auf Moskau marschierte. Zu diesen Truppen gehörte auch das Armeekorps von Ney. Die Große Armee, welche gegen Rußland operierte, zählte ca. 600 000 Mann und 1200 Kanonen aus fast allen Ländern Europas.

Was Marschall Ney bis dahin an kriegerischem Ruhm errungen und an persönlichem Mut und heroischer Tapferkeit bewiesen hatte, wurde von den Taten dieses Feldzuges noch weit überstrahlt.

Durch die blutigen Kämpfe vom 16. bis 18. August 1812 bei Smolensk waren Neys Truppen auf 19 500 Mann zusammengeschmolzen. Unter seinem Kommando flog sein Korps, wie sich Napoleon ausdrückte, »Gewehr im Arm« hin zum Siege. Nach dieser Schlacht zogen sich die Russen unter dem Oberbefehl des Türkenbezwingers Marschall Kutosow, alle Städte und Dörfer hinter sich niederbrennend, weiter zurück, um dem Feinde nur eine Wüste zurückzulassen. Erst an der Moskawa (ein Fluß der am Kremel vorbeifließt), ca. 30 km von Moskau entfernt, machte Kutosow halt, wo die Russen bei dem kleinen Dorf Borodino den Franzosen am 7. September 1812 eine hartnäckige Schlacht lieferten. In dieser führte Ney seine Truppen gegen die Schanzen bei Semeneskoje, wobei er allein 80 Geschütze im Feuer hatte. Große Haufen russischer Bauern schlossen sich ihren Soldaten an, machten das Kreuzzeichen und stürzten sich mit dem Rufe »Gott sei uns gnädig« in die Schlacht.

Etwa 140 000 Russen standen 120 000 französischen Soldaten gegenüber, welche sich auf engstem Raum mit 1200 Kanonen gegenseitig unter Feuer nahmen.

Mindestens 65 000 Soldaten sollen bei dem furchtbaren Gemetzel von Borodino gefallen sein. Ney erwarb sich durch seine besonderen Verdienste in dieser Schlacht den Titel »Fürst von der Moskowa«, der ihm vom Kaiser noch auf dem Schlachtfeld verliehen wurde.

Am 14. September 1812 zog das französische Heer in das von seinen Einwohnern verlassene Moskau ein. Zuvor war noch am selben Tage die Stadt von den Russen in Brand gesteckt worden und sie glich innerhalb von einer Woche einem Trümmerhaufen, der der französischen Armee weder Obdach, noch Nahrungsmittel liefern konnte.

Aufgrund seiner Erfahrungen ahnte Ney das Unglück, welches der Armee nun drohte. Freimütig äußerte er sich gegenüber Napoleon, wobei er sagte: »Ich stimme dafür, daß unsere Armee sich um die Dwina und den Dnjepr, mit Smolensk als Stützpunkt, verschanze. Ich war in Spanien und habe dort gesehen, was eine aus Fanatismus, Vaterlandsliebe und Treue für ihren Fürsten begeisterte Bevölkerung auszuführen vermag. Der Marsch auf Moskau scheint mir heute, wie in einem

Jahre, den Interessen Ew. Majestät gerade entgegengesetzt. Die Russen werden Sie in der von Ihnen gewählten und beschützten Stellung aufsuchen müssen, und Sie werden dieselben dann schlagen wie bei Austerlitz, und das Geschick der Welt in Händen haben.«

Am 19. Oktober 1812 begann Napoleon den Rückzug aus Moskau, der über das noch mit Toten bedeckte Schlachtfeld bei Borodino führte. Bei anfangs regnerischem Herbstwetter, das die Straßen in Sümpfe verwandelte, und dem sich anschließenden außergewöhnlich strengen Winter wurde die Grande Armee mit Problemen konfrontiert, mit denen sie weder vertraut, noch darauf vorbereitet war. Es war ein Anblick zum Entsetzen; Tausende von verhungerten oder erfrorenen Kriegern abwechselnd mit gefallenen Pferden, weggeworfenen Waffen und kostbaren Beutestücken an der Heerstraße liegen zu sehen und die mit Schnee und Glatteis überdeckten Steppen!

Während dieses zu spät angetretenen, unglücklichen Rückzuges, der für so viele brave Soldaten ein Marsch in den Tod wurde, hielt Marschall Ney mit übermenschlichem Mut bis zuletzt die Ehre der französischen Armee aufrecht. Schneefälle und Kälte bis zu minus 30 Grad C nützte die russische Armee aus, um laufend aus dem Hinterhalt überraschend und erfolgreich anzugreifen. Nur ein Bruchteil der französischen Armee konnte sich retten. Marschall Ney mit seinem III. Armeekorps war die Aufgabe zugeteilt, die Nachhut zu bilden und den Rückzug – soweit dies überhaupt möglich war – zu decken.

Mit dem pulvergeschwärzten Gesicht zum Feind, die geladene Waffe in der Hand, ging er am 14. Dezember 1812 als letzter französischer Offizier mit 24 württembergischen Soldaten über den Njemen und verließ Rußland.

Nach unglaublichen Leiden und Strapazen stieß der Marschall mit ca. 800 Mann in Orschawa wieder zum Haupteer, wo man ihn längst tot oder gefangen glaubte. Die ganze Armee begrüßte sein Erscheinen mit einem nicht enden wollenden Freudengeschrei, und Napoleon, der noch kurz zuvor ausgerufen hatte: »Ich habe zwei Millionen Gold in den Tuilerien liegen, gerne würde ich sie für Ney hingeben«, eilte auf ihn zu und umarmte ihn mit Rührung.

»Nie war ein Wiedersehen herzlicher«, sagte ein französischer Schriftsteller, »nie vielleicht hat ein Feldherr inmitten seiner glänzenden Triumphe einen solchen Enthusiasmus hervorgerufen, nie wurde er mit einem solchen empfangen.«

Wenn Ney bisher die dritte Stelle unter den Marschällen der Armee eingenommen hatte, dann war dies für ihn der unsterbliche Augenblick, in welchem er auf die erste Stelle rückte.

Ermuntert durch den russischen Erfolg, besannen sich die europäischen Fürsten und Monarchen wieder ihrer Stärke und verbündeten sich gegen Napoleon.

Schon im Frühjahr 1813 eröffneten die Franzosen wieder einen Feldzug gegen die Preußen und Russen, zu denen etwas später die Österreicher und Schweden noch hinzukamen. In der Schlacht am 6. September 1813 bei Dennewitz gegen Preußen und Schweden verlor Ney von 75 000 Soldaten 20 000 Mann an Toten, Verwundeten, Gefangenen, Deserteuren und Ausreißern sowie 80 Geschütze und vier Fahnen.

Marschall Ney war über diese Niederlage untröstlich und trug sich mit dem Gedanken, sich selbst eine Kugel durch den Kopf zu schießen. »Wie unglücklich, daß ich nicht in der Schlacht gefallen bin«, äußerte er sich.

Napoleon ließ ihn für diese seine erste Niederlage seine schlechteste Laune spüren. Mit Recht hierüber erbittert, warf Ney dem Kaiser rückhaltlos »seinen unersättlichen Ehrgeiz, dem er schon so viele Menschen geopfert«, vor.

In der Völkerschlacht bei Leipzig vom 16. bis 19. Oktober 1813 kämpfte Ney mit dem Mut der Verzweiflung gegen eine dreifache Übermacht, nachdem auch noch die Bayern, Württemberger und Sachsen zu den Russen, Schweden und Preußen übergelaufen waren. Ney wurde in der Schlacht schwer verwundet und mußte nach Paris zurückgebracht werden.

Napoleon sah sich nunmehr gezwungen, vor dem weit überlegenen Feind zu weichen und sich am 1. und 2. November nach Frankreich zurückzuziehen. Der Stern Napoleons war im Sinken.

Von den Verbündeten verfolgt, zogen die Franzosen in Eilmärschen dem Rhein zu. Bei Hanau versuchten die Osterreicher und Bayern, ihnen den Weg zu verlegen und lieferten einen erbitterten Kampf, in dem jedoch die Franzosen Sieger bleiben.

Auf französischem Boden entfaltete Ney eine unermüdliche Aktivität. Mit 12 000 Soldaten führte er in den Vogesen – bei Brienne, Champaubert, Montmirail, Craonne, Ailles, Clacy und Torcy – Rückzugsgefechte, doch unaufhaltsam und mit großer Übermacht standen die Verbündeten am 31. März 1814 in Paris.

Am 2. April 1814 sprach der Senat Napoleons Thronentsetzung aus. Napoleon, der sich in Fontainebleau aufhielt, wollte mit einer kleinen Schar Getreuer nochmals einen letzten Aufruf riskieren, doch Marschall Ney war der erste, der den Mut aufbrachte, Napoleon zur »Abdankung« zu ermuntern. »Sie sind nicht mehr Kaiser«, hatte er zu ihm gesagt, »wir stehen nicht mehr für den Gehorsam der Truppen, denn wir sind ihrer nicht mehr Herr.«

Napoleon ergab sich am 6. April 1814 seinem Schicksal und dankte zugunsten seines Sohnes und der Kaiserin als Regentin ab; letzteres ist jedoch von den Verbündeten nicht akzeptiert worden. Während Napoleon am 20. Mai 1814 zur Insel Elba in die Verbannung abreist, kehrt in Frankreich der Bourbonenkönig Ludwig XVIII. auf den Thron zurück.

Nachdem Marschall Ney eine entscheidende Rolle in Fontainbleau bei der Abdankung von Napoleon gespielt hatte, machte dieser den »Tapfersten der Tapferen«, am 20. Mai zum Oberbefehlshaber der Kürassiere, Dragoner, Jäger und Chevauxlegers, am 1. Juni zum Pair von Frankreich, am 2. zum Gouverneur der 6. Militärregion und am 4. zum Ritter des Ordens vom heiligen Ludwig. Als einem Pair von Frankreich stand ihm das Recht zu, unter dem neuen System im Oberhaus der Legislatur zu sitzen.

Die neue, königliche Regierung leitete eine Reihe von Maßnahmen ein, die den Kreis der Unzufriedenen täglich erweiterte. Die ehemaligen Konventsmitglieder wurden verfolgt, die Kaisergarde aus Paris verwiesen, zahlreiche Offiziere auf Halbsold gesetzt, das Kreuz der Ehrenlegion herabgewürdigt und seine Dotation gestrichen.

Ney war zwar am Hofe aufgenommen worden, wurde aber, weil er »Nichtadeliger« war, geringschätzig behandelt. Ebenso mußte die Marschallin manche Kränkung hinnehmen und oft verließ sie den Regierungspalast mit Tränen in den Augen. Ney hielt sich deshalb immer mehr vom Hofe fern und zog auf sein Landgut Coudreaux bei Châteaudun, wo er sich von den Strapazen des Krieges erholen konnte.

Napoleon, der von Elba aus die Vorgänge in Frankreich aufmerksam verfolgte, war stets gut unterrichtet. Als er auch noch von den Zerwürfnissen, welche auf dem Wiener Kongreß unter den Verbündeten aufgetreten waren, erfuhr, hielt er seine Zeit für gekommen, die Insel Elba mit 800 Mann, 25 Geschützen und sechs kleinen Fahrzeugen zu verlassen und landete am 1. März 1815 an der französischen Küste bei Antibes nahe Cannes. Überall wo er sich zeigte, von Grenoble bis Lyon, wurde er mit Jubel und Begeisterung aufgenommen und seine Truppe wurde immer größer.

Am königlichen Hof in Paris aber rief die Landung Napoleons wahres Entsetzen hervor. Einhellig vertrat man dort die Auffassung, daß nur Ney eine Chance habe, ihn zu besiegen. Bei einer Audienz sagte der König Ney wörtlich: »Herr Marschall, reisen Sie ab! Gehen Sie diesem ›blutdürstigen Menschen‹ entgegen, der mein Volk in einem Meer von Blut ertränken will. Gehen Sie und kämpfen Sie gegen ihn! Sie machen sich um ihren König und um Frankreich verdient, und wenn Sie über Bonaparte triumphieren, so haben Sie den Sieger der Siege überwältigt.«

Diese Worte berauschten Ney und er versprach, Napoleon in

einem eisernen Käfig nach Paris zu bringen. In dieser Stimmung begab er sich zu seinen Truppen nach Besancon, wo er am 10. März ankam. Nun traf er alle Vorbereitungen, um den »Feind« bei der nächstbesten Gelegenheit entschlossen anzugreifen und verlegte, ebenfalls zu diesem Zweck, sein Hauptquartier nach Lons-le-Saulnier.

Napoleon war unterdessen am 10. März in Lyon eingetroffen, wo er von der Bevölkerung mit Jubel und Begeisterung empfangen wurde. Graf Artois und Marschall Mac Donald, welche die Stadt verteidigen sollten, hatten Lyon ohne ihre Soldaten fluchtartig verlassen müssen.

Als Ney über diese Vorgänge informiert wurde, war er außer sich; er hatte erwartet, daß diese beiden Napoleon zur Schlacht zwingen würden.

In der verhängnisvollen Nacht vom 13. auf 14. März 1815 empfing er unerwartet Abgesandte Napoleons, welche ihm verschiedene Schreiben – u. a. einen Brief von Marschall Bertrand – übergaben. Durch die Darstellung der Abgesandten wurde ihm mitgeteilt, daß Napoleons Flucht von Elba mit Vorwissen Österreichs und Englands erfolgt sei, die, von der Unfähigkeit der Bourbonen überzeugt, Napoleons Unternehmen billigten und bereit seien, ihn als Kaiser anzuerkennen, wenn er – wozu er bereit sei – den Frieden halte.

All dieses sowie die Aussagen, die Bourbonen seien von allen Seiten aufgegeben, der König habe Paris bereits verlassen, ferner die Auffrischung alter Erinnerungen aus den Tagen der Kaiserzeit sowie der Hinweis, daß jeder Widerstand seinerseits nutzlos sei und den Bürgerkrieg heraufbeschwöre, riefen bei Marschall Ney nach einer schlaflosen, schicksalsschweren Nacht eine vollständige Umwandlung hervor.

Als er auch darüber informiert wurde, daß eine seiner Vorhuten bereits übergelaufen sei und er gegenüber 13 000 Mann Napoleons überhaupt nur noch über 4000 Soldaten verfüge, da rief er verzweifelt aus: »Ich kann das Meer nicht mit der Hand aufhalten.«

Morgens ließ er die Generäle de Bourmont und Lecourbe rufen, informierte sie und erklärte ihnen: »Ich will nicht länger gedemütigt werden. Ich habe genug davon, daß meine Frau abends in Tränen nach Hause kommt, wegen der Demütigungen, die sie sich hat gefallen lassen müssen. Der König will nichts von uns wissen, das ist doch klar. Nur mit einem Mann der Armee, wie Bonaparte einer ist, kann die Armee Ansehen haben.«

Einige Stunden später sind die Truppen in Besancon auf dem großen Platz zur Parade angetreten. Das 60. und 77. Infanterieregiment sowie die 5. Dragoner und die 8. Jäger bildeten ein weites Viereck. Während die Trommeln wirbelten, nahm Marschall Ney, gefolgt von seinen beiden Adjutanten, zu Fuß und den Degen in der Hand, in der Mitte Aufstellung. Als die Trommeln verstummten, breitete sich tödliches Schweigen aus. »In diesem Augenblick«, erzählte jemand, der dabei war, »schaute ich die Soldaten an. Alle waren finster und blaß. Es kam mir so vor, als sollte einer jener Revolutionstage wiederkommen, an denen die Offiziere das Opfer ihrer Soldaten wurden.«

Aber die Spannung entlud sich sofort, als Ney mit kräftiger und klarer Stimme seinen Aufruf verlas: »Offiziere, Unteroffiziere und Soldaten! Die Sache der Bourbonen ist für immer verloren! Die legitime Dynastie, welche die französische Nation sich erwählt hat, wird von neuem den Thron besteigen: Nur Kaiser Napoleon, unser Souverän, darf über unser schönes Land herrschen. Mag der Adel der Bourbonen sich nochmals entschließen, ins Ausland zu gehen oder unter uns leben zu wollen, was kümmert es uns? Die heilige Sache unserer Freiheit und unsere Unabhängigkeit wird nicht länger unter ihrem unheilvollen Einfluß leiden. Sie versuchten unseren Kriegsruhm zu erniedrigen, aber sie haben sich getäuscht; dieser Ruhm ist die Frucht allzu edler Taten, als daß wir je die Erinnerung daran verlieren könnten.«

Immer wieder wurde er von seinen Soldaten unterbrochen mit dem dröhnenden Schrei: »Es lebe der Kaiser!« Die Soldaten waren wie erlöst; sie hatten keine andere Entscheidung erwartet.

Damit war der Weg nach Paris für Napoleon frei und der Bourbonenkönig Ludwig XVIII. mußte wieder ins Exil.
(Wegen dieser Proklamation und Entscheidung ist Marschall Ney einige Monate später vom königlichen Hof wegen Hochverrat angeklagt worden).

Über Dole kam Ney am 17. März 1815 nach Dijon. Von hier aus richtete er mit jenem Freimut, den er wiederholt Napoleon gegenüber bewiesen, folgenden Brief an diesen:

»Weder aus Achtung, noch aus Zuneigung gegen Ihre Person bin ich gekommen, mich Ihnen anzuschließen. Sie waren der Tyrann meines Vaterlandes; Sie haben Trauer und Verzweiflung in sehr viele Familien gebracht und den Frieden der ganzen Welt zerstört. Schwören Sie mir, da das Schicksal Sie zurückführt, daß Sie in Zukunft allein Ihre Aufgabe darin sehen wollen, die Übel, welche Sie Frankreich zugefügt, wieder zu verbessern. Schwören Sie mir, daß Sie das Glück des Volkes begründen wollen. Ich fordere Sie auf, nur dann zu den Waffen zu greifen, wenn es gelten sollte, unsere Grenzen zu verteidigen und dieselben nicht mehr zu überschreiten zum Zwecke nutzloser Eroberungen.

Nur unter diesen Bedingungen unterwerfe ich mich …«

Den Mut für einen solch kühnen Brief hatte zur damaligen Zeit vermutlich nur Marschall Ney. Als Napoleon ihn gelesen hatte, kommentierte er ihn mit den Worten: »Immer derselbe! Auf dem Schlachtfeld ist er ein Halbgott, sonst aber ist er ein Kind.« Am 18. März abends kam Ney in Auxerre an, wo auch Napoleon Quartier genommen hatte. Am folgenden Morgen erschien ein Ordonnanzoffizier bei Ney, um ihm zu melden, daß der Kaiser nach ihm verlange. Als er bald darauf bei Napoleon eintrat, kam ihm derselbe schnellen Schrittes entgegen und reichte ihm die Hand. Marschall Ney war im ersten Augenblick so bewegt, daß er keine Worte finden konnte; Tränen standen ihm in den Augen.

Endlich brachte er einige unverständliche Worte hervor, unter denen man »Fontainebleau« heraushörte.

»Herr Marschall« unterbrach ihn der Kaiser lebhaft, »ich erinnere mich dieser Zeit nicht, ich weiß nur noch von der Moskowa.«

Am Nachmittag des gleichen Tages ließ Napoleon den Marschall nochmals rufen. »Umarmen Sie mich, mein lieber Marschall«, sagte der Kaiser zu Ney, dem er wieder, wie am Morgen, entgegeneilte. Nach einem kurzen Gespräch erklärte Napoleon, daß der Aufbruch noch am gleichen Tag erfolgen solle und er hoffe, daß man ohne Blutvergießen am 20., spätestens am 21. März, in Paris sein solle.

Am späten Abend des 20. März 1815 zog Napoleon an der Spitze der Truppen, die man, ihn zu bekämpfen, am Morgen ausgesandt hatte, wieder in Paris in den Tuilerien ein.

Auch wenn die Rückkehr in den Regierungspalast nach den Vorstellungen des Kaisers verlaufen ist, so erfüllten sich zwei entscheidende Wünsche jedoch nicht. Zum einen glaubte er, daß er nicht nur das Militär, sondern unter der Bevölkerung auch die gehobene Mittelklasse und die Gebildeten für sich gewinnen könne, und zum anderen, daß der auf dem Wiener Kongreß ausgebrochene Zwiespalt ein dauernder sei und zur Folge haben werde, daß die eine Hälfte der Großmächte auf seine Seite trete.

Aber genau das Gegenteil war der Fall.

Am 7. März 1815 waren die Monarchen von Österreich, Rußland, England und Preußen über die Landung Napoleons unterrichtet. Am 13. März erließen sie gegen ihn eine Achterklärung und am 25. März erneuerten Österreich, Preußen, Rußland und England ihr früheres Bündnis und beschlossen, bis zur Vernichtung Napoleons Krieg zu führen.

Ney war über diese politische Entwicklung schmerzlich enttäuscht und zeigte sich nach seiner Ankunft in Paris nur selten in den Tuilerien. Sehr erwünscht kam ihm der Auftrag, die östlichen Grenzbezirke zu inspizieren, was ihn zunächst vom 6. bis 8. April in seine Vaterstadt Saarlouis führte, die er vor

27 Jahren verlassen hatte. Die Einwohner der Stadt drängten sich um ihren großen Sohn, der von der Garnison mit militärischen Ehren empfangen wurde. Jugenderinnerungen wurden aufgefrischt, und nicht ohne das Grab der Mutter besucht zu haben, verließ er wieder Saarlouis, um die Städte Saarbrücken, Landau und Straßburg zu besuchen.

Am 11. Juni 1815 erhielt Ney den Befehl, sich in das kaiserliche Hauptquartier zu begeben, wo er am 15. Juni eintraf.

Beide Seiten rüsteten und trafen Vorbereitungen zur letzten Entscheidungsschlacht. Die englische Armee unter Feldmarschall Wellington sowie das preußische Heer mit den Feldmarschällen Blücher und Gneisenau näherten sich Frankreich vom Norden über Holland und Belgien.

Um die Feinde getrennt schlagen zu können, zog ihnen Napoleon entgegen. Am 16. Juni gelang es den Franzosen, die Preußen, getrennt von den Engländern, zu besiegen. Dabei wurde General Lützow gefangen und Blüchers schöner Schimmel ist zusammengebrochen und hat den 70jährigen Marschall unter sich begraben; mit Hilfe seines Adjutanten konnte er bei strömendem Regen in der Nacht geborgen werden.

Die fliehenden Preußen aber konnten sich am nächsten Tag wieder relativ schnell formieren und zogen sich nicht weiter zurück, sondern nahmen auf einem Umweg Fühlung mit Herzog Wellington auf. Der Herzog erklärte Blücher, daß er die Schlacht am 18. Juni bei Mount-Saint-Jean von Napoleon annehmen werde und mit der Unterstützung der Preußen rechne.

Auf französischer Seite gab Kaiser Napoleon bei einer Lagebesprechung im Wirtshaus »Belle-Alliance« seine letzten Anweisungen. Ney erhielt das Kommando über den linken Flügel, der aus acht Divisionen Infanterie und vier Divisionen Kavallerie, zusammen ca. 45 000 Mann, bestand. Er hatte den Auftrag, alles, was er vom Feind auf der Straße von Goffelies nach Brüssel antreffen würde, zu überrennen und bis jenseits des Ortes Quatre-bras vorzudringen.

Am folgenden Tag kam es zur blutigen Entscheidungsschlacht, in der Napoleon bei Ligny gegen die Preußen, Ney bei Quatre-bras gegen die Engländer kämpfte. In vier ungeheuren Vierecken marschierte das Ney unterstellte Korps d'Erlon zum Angriff gegen das Gehöft von Haye-Sainte, welches unmittelbar vor dem englischen Zentrum lag. Marschall Ney ritt am linken Flügel der Division Allix.

Mit 90 Kanonen wurde das Feuer auf das englische Zentrum eröffnet, aber die Engländer, unter denen auch viele Deutsche waren, und die preußische Armee blieben den Franzosen nichts schuldig.

Insgesamt drei Tage tobte die Schlacht und ganz besonders Napoleon wußte, daß es um seinen Untergang und um Neys Kopf ging.

Wenn auch anfangs die Franzosen für sich Erfolge verbuchen konnten, so änderte das nichts daran, daß die Kämpfe immer verlustreicher wurden und die Engländer immer neue Reserven in die Schlacht führen konnten. Ney war dort, wo der Kampf am heißesten war, im dichten Kampfgewühl, im grausamsten Kugelregen, überall anfeuernd, befehlend, angreifend. Sechsmal wurden ihm das Pferd und einmal der Schultersteg und Hut weggeschossen. Seine weiße Lederhose war blutüberströmt. Der nackte Unterarm, der aus dem zerrissenen Ärmel hervorschaute, war blau von Stößen und Schlägen. Im linken Auge war ein Äderchen geplatzt, was den Augapfel blutrot färbte. Die zerfetzte und halbverbrannte Uniform war mit einer Dreck- und Kotkruste bedeckt.

Der Kaiser, der ihm kurz begegnete, versuchte beim Anblick des so zugerichteten »Rotkopfs« ein schwaches Lächeln, aber es gelang ihm nicht. Die beiden Männer waren für einen Augenblick ganz allein. Eine unermeßliche Verzweiflung verband sie. Alles, was sie je hätte trennen können, war vergessen. Sie waren nur noch zwei geschlagene Soldaten, zwei Männer im Unglück; zwei Kameraden, die fast 20 Jahre lang Glück und Unglück miteinander geteilt hatten, und die nur eine Lösung kannten, den Tod.

Für den letzten Angriff unterstellte ihm der Kaiser die restlichen fünf Bataillone der Alten Garde. Stumm nahm Ney Abschied und setzte sich an die Spitze des ersten Bataillons. Doch er kam nicht weit, die verlorene Schlacht war nicht mehr zu retten!

Marschall Ney kämpfte bis zur völligen Erschöpfung.

»Kommt Kameraden, folgt mir! Ich will Euch zeigen, wie ein Marschall von Frankreich auf dem Schlachtfelde stirbt«, rief er seinem letzten Haufen zu, doch auch dieser wurde von preußischer Kavallerie überritten und von englischer Infanterie mit vernichtenden Gewehrsalven zusammengeschossen.

Einen Augenblick sah man Ney zwischen englischen Kanonen umherirren und mit seinem Degen auf ein Geschützrohr einschlagen und dabei brüllen: »Ist denn für mich wirklich keine Kugel da?«

Durch einen Korporal der Garde mußte er fast als letzter vom Schlachtfeld fortgedrängt werden.

In der Nacht vom 20. auf den 21. Juni traf Napoleon wieder in Paris ein, stieg aber nicht in den Tuilerien, sondern im Elyseepalast ab. Er hatte keine Kraft mehr, die Regierungsgeschäfte aufzunehmen; Napoleon ahnte, was auf ihn zukommen würde.

Am 22. Juni 1815 mußte er zum zweiten Mal abdanken.

Unter dem Druck der Verbündeten segelte er am 8. August 1815 auf der englischen »Northumerland« in die Verbannung zur Insel St. Helena, die er nicht mehr lebend verlassen sollte.

Ebenfalls Ende Juni traf Marschall Ney in Paris ein. In einer Sitzung der Pairskammer, an der er teilnahm, erklärte er: »Ich sage es nochmals, es bleibt nichts anderes übrig, als Unterhandlungen einzuleiten. Sie müssen die Bourbonen zurückrufen. Was mich betrifft, ich werde mich nach den Vereinigten Staaten von Nordamerika begeben.«

Als Ney einige Tage später erfahren mußte, daß er in einem Club »Verräter des Vaterlandes« genannt worden war, richtete er ein Schreiben an den Präsidenten der provisorischen Regierung, worin er sein Verhalten im letzten Feldzug klarlegte.

Nachdem der Boden in Paris für Ney täglich heißer wurde, reiste er auf Drängen seiner Ehefrau mit dem Ziel Schweiz ab. Am 9. Juli kam er durch Lyon, wo ihm mitgeteilt wurde, daß alle Straßen, die in die Schweiz führen, von Österreichern besetzt seien. Deshalb änderte er seinen Plan und fuhr nach St. Alban.

Zwischenzeitlich war von König Ludwig XVIII. eine Liste mit 37 Namen zusammengestellt worden, wovon 19 der Beschuldigten vor ein Kriegsgericht gestellt werden sollten. Einer der ersten Namen auf dieser Liste war der von Marschall Ney.

Seine Frau sandte ihm sofort einen vertrauten Boten mit der Nachricht, daß er St. Alban unverzüglich verlassen solle. Verkleidet wurde er in das Schloß Bessonis im Departement Cantal bei Aurillac gebracht, wo er am 29. Juli ankam.

Sein wertvoller Säbel, ein Hochzeitsgeschenk von Napoleon, hatte ihn jedoch verraten und wurde ihm zum Verhängnis. Am 5. August schickte man eine große Anzahl Gendarmen und Polizisten nach Schloß Bessonis, um den Marschall zu verhaften.

Obwohl Ney die Möglichkeit gehabt hätte zu fliehen, folgte er seinen Häschern nach Paris.

Eine königliche Ordonnanz vom 2. August 1815 setzte ein Kriegsgericht ein, um über den Marschall das Urteil zu fällen. Den Vorsitz führte nach altem Brauch der älteste Marschall, in diesem Fall Marschall Moncey. Dieser bestand darauf, daß Ney ein untadeliger, vorbildlicher Offizier gewesen sei und er keine Gründe sehe, Ney zu verurteilen.

Durch diese Weigerung fühlte sich der königliche Hof schwer verletzt und der König war tief beleidigt. Marschall Moncey wurde für seine Überzeugung zu drei Monaten Gefängnis verurteilt und als nächster Marschall Jordan mit dem Gerichtsvorsitz beauftragt. Auf Antrag der beiden Verteidiger Neys wurde der Fall Ney mit Zustimmung des Kriegsgerichtes an die Pairskammer (ähnlich dem englischen Oberhaus) überwiesen.

Die überwiegend aristokratischen 161 Richter der Pairskammer versammelten sich zur Prozeßeröffnung am 21. November 1815 um 8 Uhr im Palais Luxembourg. Zuvor waren umfangreiche Sicherheitsvorkehrungen getroffen worden. Um den Palast herum hatte man Baracken für zahlreiche Wachmannschaften aufgestellt, die Zufahrtsstraßen gesperrt und viele Wach- und Kontrollstellen eingerichtet. Ungefähr 100 Personen, hauptsächlich Militärs, Politiker, Diplomaten, Journalisten und ausländische Gäste, u. a. Fürst Metternich, wurden als Zuschauer zugelassen.

»Ich bin sicher«, so sagte bei der Eröffnung Kanzler Dambray, »daß unsere Kammer unparteiisch sein wird.«

Ney wurde, begleitet von vier Offizieren der königlichen Grenadiere, in den Saal geführt. Er trug eine blaue Marschalluniform mit den Marschallsepauletten, aber ohne Stickerei, Orden oder Abzeichen.

»Angeklagter«, fragte der Präsident den Marschall, »wie ist Ihr Name, Vorname, Alter, Geburtsort, Wohnort und Stand?«

»Michel Ney, geboren zu Saarlouis am 10. Januar 1769, Marschall des Reiches, Herzog von Elchingen, Fürst von der Moskowa, Pair von Frankreich, Ritter des Ordens vom hl. Ludwig, Träger des Großkreuzes des Christus Ordens, Offizier der eisernen Krone«, antwortete Ney.

In der ausführlich gehaltenen Anklageschrift beschuldigte man Ney, die Rückkehr Napoleons dadurch erleichtert zu haben, indem er »ihm und seinen Banden« Städte, Festungen, Waffenlager und Arsenale ausgehändigt und Napoleon nach seiner Rückkehr durch Zersetzung der Loyalität der Offiziere und Mannschaften unterstützt habe.

Man klagte ihn weiter an, bewaffnete Banden und Einheiten angeführt zu haben, mit denen er für Napoleon Städte erobert und den rechtmäßigen Behörden Widerstand geleistet habe; ferner, mit den unter seinem Befehl stehenden Truppen zum Feind übergelaufen zu sein und anderes mehr. Nach der Verlesung der Anklage erhob sich Ney zwischen seinen beiden Verteidigern und verlas mit fester Stimme eine Erklärung, in der er bat, bestimmte juristische Argumente unterbreiten zu dürfen, ehe er sein Entlastungsmaterial vorlege.

Der Staatsanwalt protestierte sofort dagegen und forderte die Verteidigung auf, ihr ganzes Material zusammengefaßt vorzulegen, damit der ganze Fall, »der die Sicherheit des Staates betrifft«, so schnell wie möglich verhandelt werden könne.

Verteidiger Berryer gab zu erwägen, daß die Kammer zunächst ein allgemein gültiges, grundlegendes und formelles Gesetz erlassen müsse, um das Verfahren in strafrechtlichen Fällen vor dem Oberhaus zu regeln. Ney könne von der Pairskammer nur in seiner Eigenschaft als Pair von Frankreich gerichtet werden.

Staatsanwalt Bellert erwiderte unter anderem, »die Verteidigung ziele auf einen Freispruch hin, aber das Tribunal dürfe diesen sinnlosen Antrag nicht annehmen.«

Nach harten Wortgefechten, welche den ganzen Tag in Anspruch nahmen, vertagte sich das Gericht auf den 23. November. An diesem Tag gelang es der Verteidigung, die Anklageschrift in mehreren Punkten erfolgreich anzugreifen. Das juristische Gefecht dauerte den ganzen Tag; die Verteidiger Berryer und Dupin plädierten für einen Aufschub des Prozesses, damit sie verschiedene neue Zeugen vernehmen könnten. Kanzler Dambray gewährte eine Vertagung bis zum 4. Dezember.

An diesem Morgen wurde Ney zum letzten Mal von der Conciergerie in das Palais Luxembourg gebracht. Im zweiten Stock stellte man ihm einen schlecht beleuchteten Raum zur Verfügung, in dem ein Feldbett, ein Tisch, ein paar Stühle – und vier Wachsoldaten – standen. In den Korridoren des Palais drängten sich Gendarmerie und Soldaten aller Regimenter. Das Palais selbst war nach wie vor von einem ungeheuren militärischen Aufgebot umgeben. Das ganze Stadtviertel war abgesperrt und argwöhnische Polizisten hielten unschuldige Spaziergänger an und verhafteten sie, wenn sie keinen Ausweis bei sich hatten.

Kanzler Dambray eröffnete sein Verhör mit den Ereignissen, die zu der Nacht der Entscheidung, am 14. März in Lons-le-Saunier, geführt hatten. Bekanntlich hatte Marschall Ney dem König versprochen, er werde Bonaparte in einem eisernen Käfig zurückbringen, und war dann wenige Tage später mit seinen 4000 Soldaten zu Napoleon übergelaufen.

Einer der ersten Zeugen war Neys ehemaliger Adjutant Bourmont, der seinen früheren Marschall mit zweifelhaften Aussagen belastete. Ney antwortete ihm: »Ich bedaure nur, daß General Lecourbe nicht mehr am Leben ist. Aber ich werde seine Hilfe anderswo erbitten, vor einem höheren Tribunal, vor Gott, der uns hört, der Sie und mich richten wird, Herr von Bourmont. Auf Erden mögen Sie mich besiegen, aber dort oben wird man über uns beide richten.«

Er war außerdem der Auffassung, daß – wenn er gegen Napoleon marschiert wäre – der Weg über 60 000 französische Leichen geführt hätte.

Im ganzen war dieser Tag günstig für Ney verlaufen.

Am 5. Dezember standen die Verhandlungen im wesentlichen unter der Frage, ob das Abkommen mit den Verbündeten, welches den Militärs Straffreiheit zusicherte, auch für Marschall Ney anzuwenden sei.

Mit viel Geschick versuchte die Verteidigung herauszustellen, daß diese Amnestie nicht für kleine Soldaten, sondern auch für Marschalle anzuwenden sei. Ney selber sagte dazu: »Ich habe mich auf den beschirmenden Charakter des Abkommens verlassen. Glaubt man denn, daß ich es ohne das Abkommen nicht vorgezogen hätte, mit dem Schwert in der Hand zu sterben? Meine Verhaftung bedeutete einen Bruch des Abkommens. Ich blieb in Frankreich, weil ich meinen Glauben auf dieses setzte ...«

Staatsanwalt Bellart, der an diesem Tag durch ein eindrucksvolles Plädoyer glänzte, sagte unter anderem: »Marschall Ney steht unter den Soldaten an erster Stelle, er ist einer unserer prominentesten Mitbürger, und er ist jemand, der Frankreich seit langem Ruhm einbrachte. Die Pflicht mußte sein Führer sein. Ich gebe zu, daß die Gefahr, in der er stand, erdrückend war und daß ihn der Tod bedrohte – aber kann dies Verrat entschuldigen?

Ist es möglich, daß Marschall Ney zum ersten Mal in seinem Leben Furcht empfand? Aber er hätte einen einfacheren Weg wählen können. Er hätte seinen Ruhm rein halten können, indem er der funkelnden Verführung widerstand, die man vor ihm ausbreitete. Er hätte sich von allem zurückziehen und so seinem König treu bleiben können, wie er es geschworen hatte.«

Kurze Zeit später wurde die Sitzung auf den nächsten Tag verschoben.

Der 6. Dezember, der letzte Tag des Prozesses, war gekommen. Die öffentliche Sitzung begann um zehn Uhr. Verteidiger Berryer eröffnete um halb elf mit einem Drei-Stunden-Plädoyer den letzten Schlagabtausch. Er versuchte, klar zu machen, daß Ney niemals einer der Parteien, die nach der höchsten Macht in Frankreich strebten, angehört und niemals gegen einen anderen, als den äußeren Landesfeind gekämpft habe.

Nach drei Stunden Redezeit mußte eine Pause eingelegt werden, damit sich der erschöpfte Rechtsanwalt wieder erholen konnte.

Wenn auch die Staatsanwaltschaft an diesem Tag die Anklage von einer erdrückenden Anzahl von Verdächtigungen und Vorwürfen reduzierte, so blieb der Hochverrat dennoch in vollem Umfang erhalten. Außerdem wurde seitens der Anklage immer deutlicher zum Ausdruck gebracht, daß sich Ney nicht auf das Abkommen mit den Verbündeten berufen könne, und ihn deshalb die ganze Härte des Gesetzes wegen Hochverrat treffen müsse.

Seine Verteidiger versuchten nun mit allen Mitteln, nachdem Saarlouis zwischenzeitlich Preußen zugeteilt worden war, auch mit seiner deutschen Staatsangehörigkeit, Ney frei zu bekommen, doch selbst Ney lehnte dies ab. »Ich bin Franzose!«, sagte er, »und ich will als Franzose sterben! Bis hierher ist mir meine Verteidigung frei vorgekommen, aber ich finde, daß man sie mehr und mehr beschränkt. Ich danke meinen edelherzigen Verteidigern für das, was sie für mich getan und noch zu tun bereit sind; aber ich bitte Sie, lieber ganz aufzuhören, mich zu verteidigen, als mich unvollständig zu verteidigen. Ich bin angeklagt, entgegen der Zusicherung des Traktates, und es wird mir verwehrt, mich auf dasselbe zu berufen. Ich mache es wie General Moreau: Ich appelliere an Europa und an die Nachwelt!«

Nach einem kurzen, weiteren Wortgefecht rief Staatsanwalt Bellart: »Da der Marschall die Debatten schließen will, so wollen wir unsererseits keine weiteren Bemerkungen machen und unsere Anklage beenden.«

Mit triumphierender Miene verlas er seinen bereits vorbereiteten, auf Todesstrafe lautenden Antrag, der Ney beschuldigte, Verbrechen des Hochverrats und des Attentats gegen die Staatssicherheit begangen zu haben.

»Angeklagter«, fragte der Präsident, »haben Sie irgend eine Bemerkung in betreff der beantragten Strafe zu machen?«

»Nein, mein Herr«, antwortete Ney.

»Man lasse den Angeklagten, die Zeugen und das Publikum abtreten«, befahl der Präsident, »das Gericht wird die Beratungen aufnehmen.«

Es war ein wolkenbedeckter, dunkler Nachmittag; alle Lichter brannten in der großen Halle des Palais Luxembourg, als um 17 Uhr die Pairs zur Abstimmung schritten. Drei Fragen hatten sie zu beantworten:

Ist der Angeklagte überführt worden, in der Nacht zwischen dem 13. und 14. März Boten des Thronräubers empfangen zu haben?

Ist er überführt worden, am 14. März in Lons-Le-Saulnier eine Proklamation verlesen zu haben, die die Truppen zum Abfall ermutigte?

Ist er überführt worden, somit »ein Verbrechen des Hochverrats und ein Attentat auf die Sicherheit des Staates« verübt zu haben, das den Zweck verfolgte, die Regierung und die Ordnung der Thronfolge zu ändern?

Die Abstimmung ergab folgendes Ergebnis:
Frage 1: 111 Ja, 47 Nein. Drei Pairs waren für eine Amnestie.
Frage 2: 158 Ja, drei Nein.
Frage 3: 157 Ja, davon eine Stimme mit Anrechnung einer Amnestie, sowie ein Nein.

Demnach war Marschall Ney mit überwältigender Stimmenmehrheit für schuldig befunden worden.

Die nächsten Abstimmungen liefen über die Verhängung der Strafe mit folgendem Resultat:
137 Stimmen für den Tod, 17 für Verbannung und fünf für ein Gnadengesuch an den König.

Michel Ney hatte während der Abstimmung mit seinen Verteidigern seine Abendmahlzeit eingenommen.

»Ich bin sicher, daß Monsieur Bellart keinen so guten Appetit haben wird«, meinte er trocken, obwohl er sich hinsichtlich des Urteils keine Illusionen machte.

Nachdem die Verteidiger gegangen waren, gab er seinem Notar die letzten Anweisungen.

Um 22.30 Uhr wurde das unheilvolle Urteil, demzufolge der Marschall zum Tode durch Erschießen, zur Zahlung der Prozeßkosten (welche fast 25 000 Franken ausmachten und innerhalb 24 Stunden nach der Exekution zu entrichten waren) und, auf Antrag des Staatsanwaltes, zum Verlust des Ordens der Ehrenlegion verurteilt wurde, in Abwesenheit des Angeklagten verkündet.

Viele Freunde, und ganz besonders die Marschallin, versuchten, ihn zu retten, doch der königliche Hof wollte ein Exempel statuieren, und dazu war ihnen Marschall Ney genau der Richtige.

Am 7. Dezember, morgens um drei Uhr, wurde Ney, der eine ruhige Nacht verbracht hatte, geweckt und der Sekretär der

Pairskammer, H. Chauchy, mit zwei Begleitern, sagte: »Herr Marschall, ich habe eine schmerzliche Mission bei Ew. Exzellenz zu erfüllen.«

»Sie tun Ihre Pflicht«, sagte Ney sanft; »jeder muß die seinige auf dieser Welt erfüllen. Nur eilen Sie, denn ich möchte gern ein Ende haben.«

Da Herr Chauchy die ganzen Formalitäten verlesen wollte, unterbrach ihn Ney mit ungeduldigem Ton: »Aber wozu denn das alles? Man sage einfach, Michel Ney muß ins Gras beißen. Das hätte soldatischer geklungen.«

Nachdem Herr Chauchy das Urteil ganz verlesen hatte, sagte Ney: »Mein Herr, ich nehme an, daß Ihnen niemand erlaubt hat, der Frau Marschall diese Nachricht zu hinterbringen. Ich behalte mir dieses selbst vor.«

Marschall Ney hatte dieses Urteil erwartet und dementsprechend mit Fassung entgegen genommen.

Nachdem er wieder allein war, griff er zu Feder und Papier und richtete einen Abschiedsbrief an seinen Schwager:

Im Luxembourg, den 7. Dezember 1815, 4 Uhr morgens
Mein lieber Monnier,
mein Prozeß ist zu Ende, der Gerichtsbote der Pairskammer hat mir soeben den Richterspruch vorgelesen, der mich zur Todesstrafe verurteilt.
Ersparen Sie diese Nachricht meinem guten Vater, der am Rande des Grabes steht; noch innerhalb von vierundzwanzig Stunden werde ich vor Gott mit dem bitteren Bedauern erscheinen, meinem Lande nicht länger mehr nützlich sein zu können. Aber er wird wissen, was ich schon vor den Menschen gesagt habe: daß ich mich frei von Gewissensbissen fühle.
Umarmen Sie meine Schwester, grüßen Sie tausendmal Ihre Kinder; sie werden, hoffe ich, trotz der schrecklichen Katastrophe, die mich trifft, ihre guten kleinen Vettern lieben.
Gott befohlen für immer, ich umarme Sie mit allen Gefühlen eines echten Bruders.
Der Marschall, Fürst von der Moskowa   Ney

Bereits um fünf Uhr traf Frau Ney ein und kurze Zeit später die Tante mit den vier Söhnen: Joseph-Napoleon mit zwölf, Michel Luis Felix mit elf, Eugène mit neun und Napoleon Henri Edgard mit drei Jahren. Herzzerreißende Szenen gab es bei diesem letzten Wiedersehen. Die Augen aller Anwesenden füllten sich mit Tränen, als die Kinder, die der Vater alle auf einmal an sich drückte, den letzten Ratschlägen und Ermahnungen ihres berühmten Vaters lauschten, der mit leiser, aber deutlicher Stimme zu ihnen sprach: »Ja, meine Kinder, ich werde bald von hier gehen, an einen anderen Ort …, an einen Ort, wo es mir besser geht! Ich bleibe nur einige Zeit von Euch getrennt; Eure Mutter bleibt bei Euch … Macht Euch stets ihrer Liebe würdig und der Sorgfalt, mit der sie Euch umgibt … Liebt sie von ganzem Herzen; liebt sie, wie Ihr mich liebt.

Liebet aber auch Euer Vaterland, denn dieses ist Eure zweite Mutter; in meiner Abwesenheit wird sie Euch mich ersetzen. Wenn Ihr groß seid, dann erinnert Euch, daß Ihr einen glorreichen, ja glorreichen Namen führt! Man wird Euch mein Leben erzählen, diene es Euch als Beispiel. Und wenn Ihr Männer seid, wenn je Euer Vaterland Euch zur Verteidigung ruft, so geht, meine Kinder und sucht, glücklicher als Euer Vater, auf dem Schlachtfeld zu sterben.

Und nun, umarmt mich noch einmal.«

Nach einer letzten Umarmung erhob sich der Marschall und versuchte zu erreichen, was ihm auch nach kurzer Zeit gelang, daß sich seine Frau mit den Kindern und der Schwester entfernten. Er wollte die letzte Stunde allein sein.

Der Pfarrer von St. Sulpice, Herr de Pierre, bereitete Ney mit den letzten Tröstungen der katholischen Kirche auf das Sterben vor.

Am 7. Dezember 1815, morgens gegen 8.30 Uhr, wurden der Marschall und Pfarrer Pierre aus dem Palais Luxembourg mit einer Kutsche abgeholt und zu der in der Nähe befindlichen Exekutionsstelle in der großen Avenue de l'Observatoire, an der südlichen Begrenzungsmauer des Jardin de Luxembourg, gefahren. Dort angekommen, nahm er Abschied von Herrn de Pierre und übergab ihm eine goldene Tabakdose mit der Bitte, diese seiner Frau zu überbringen. Des weiteren legte er für die Armen der Pfarrei St. Sulpice alles Geld, das er bei sich hatte, in dessen Hände.

Dann trat er festen Schrittes vor und stellte sich dem aus zwölf Soldaten bestehenden Erschießungskommando gegenüber auf. Der verantwortliche Offizier St. Bias erschien mit einem weißen Tuch, um ihm die Augen zu verbinden. Ney wies ihn sanft ab mit den Worten: »Wissen Sie nicht, mein Herr, daß ich seit 25 Jahren gewohnt bin, dem Tod ins Auge zu schauen?«

Er legte die rechte Hand aufs Herz, nahm mit der linken seinen Hut vom Kopfe und sprach mit klarer, feierlicher Stimme:

»Franzosen, ich protestiere vor Gott und vor den Menschen gegen das Urteil, das mich verdammt. Ich appelliere an das Vaterland und an die Nachwelt. Ich erkläre nochmals, im Angesicht Gottes und vor den Anwesenden, daß ich kein Verräter des Vaterlandes gewesen bin; möge mein Tod dasselbe glücklich machen.

Es lebe Frankreich!«

Die Stimme des Offiziers St. Bias übertönte die seinige durch das Kommando, welches er dem Exekutionskommando gab: »Achtung, fertig – Feuer!« und eine Sekunde später, um 9 Uhr, sank der »Tapferste der Tapferen«, den Kaiser Napoleon und die »Grande Armee« je hervorgebracht hatten, mit 46 Jahren tot zu Boden.

Zwanzigmal war der sympathische, aufrichtige Marschall in den Schlachten verwundet worden, doch die tödlichen Verletzungen brachten ihm seine eigenen Landsleute bei. Welch tragischer Tod.

Nach einem Trommelwirbel riefen einige Offiziere: »Vive le Roi«, aber kein Mensch antwortete. Das Exekutionskommando rückte ab und zurück blieben einige Gendarmen. Neben ihm kniete betend der Abbé Pierre, umringt von einigen Zuschauern.

Als die kleine Pulverrauchwolke der Schüsse sich verzogen hatte, sah man die Spuren des Blutes an der Mauer, welcher der Marschall den Rücken zugekehrt hatte. In diesem Augenblick durchbrach eine Frauengestalt, eine Schwester aus dem benachbarten Hospital de la Maternité (Entbindungsheim) die Zuschauer und kniete ebenfalls zu der Leiche des Marschalls, um mit dem Taschentuch einige Tropfen des Blutes zu sammeln. Diese Frau war Schwester Sainte-Therese, deren Bruder 1814 unter dem Marschall gedient und unter dessen Augen im Kampf gefallen war.

Ney war von sechs Kugeln im Herzen, dreien im Kopf, einer im Hals und von einer weiteren in der rechten Schulter getroffen. Sein Leichnam blieb, wie das Militärgesetz es verlangte, fünfzehn Minuten am Fuße der Mauer liegen; dann erschienen Träger aus dem Hospital de la Maternité, hüllten ihn in eine Decke und trugen ihn auf einer Bahre in einen Raum des Hospitales. Die Schwester Therese aber verbrachte betend den ganzen Tag und die folgende Nacht bei der Leiche.

Nachdem Frau Ney ihren Mann verlassen hatte, war sie direkt in die Tuilerien gegangen, um beim König Gnade für ihren Mann zu erbitten. Da sie die Stunde der Exekution nicht kannte, würde sie weiter gewartet haben, wenn dieser sie nicht benachrichtigt hätte: »Die Audienz, die Sie wünschten, Madame, wäre jetzt gegenstandslos. Ihr Gatte lebte nicht mehr.« Frau Ney stürzte ohnmächtig zu Boden.

Am Morgen des 8. Dezember 1815 ließ die Familie des Marschalls den Leichnam im Hospital abholen. Man schenkte dem Leichenwagen, der zum Friedhof »Pere-Lachaise« fuhr, nicht mehr Beachtung wie jedem anderen auch. Am Grabe standen nur wenige Menschen, als Abbé de Pierre die Abschiedsgebete sprach.

Der Vater von Marschall Ney starb im Alter von 88 Jahren 1826 auf dem Landsitz »La Petite Malgrange«, ohne je erfahren zu haben, daß sein Sohn Michel, auf den er so stolz war, erschossen worden ist.

Jahrelang blieb es dann um Marschall Ney ruhig, aber seine vielen Freunde hatten ihn nicht vergessen. Nachdem König Ludwig XVIII. verstorben war und sein Nachfolger, Karl X., im Jahre 1848 vertrieben wurde, war Ney der erste, der rehabilitiert wurde. Am 18. März 1848 schrieb der Generalsekretär der Regierung an den ältesten Sohn Neys folgenden Brief:

»Die provisorische Regierung der Republik rehabilitiert das Andenken an Ihren Vater. Sie ordnet nicht die Revision eines Urteils an, das bewaffnete Ausländer für eine unserer ruhmreichsten Persönlichkeiten gefordert haben, ein Urteil, das die Stimme der Öffentlichkeit selbst unter der Restauration als Mord bezeichnet hat. Sie ordnet aber an, daß zum Gedächtnis an Marschall Ney an dem Ort, an dem er erschossen wurde, ein Denkmal errichtet wird. Es ist dem Justizminister eine freudige Genugtuung, Ihrer Familie dieses Rehabilitierung mitteilen zu können.

In Neys Vaterstadt Saarlouis hatte man bereits 1829 auf Veranlassung vieler Bürger und mit Zustimmung der damaligen Regierung die heute noch an seinem Geburtshaus in der Bierstraße 13 vorhandene schwarze Gedenktafel angebracht, mit der Inschrift:

Ici est né
Le maréchal Ney

Übersetzt heißt das: Hier wurde Marschall Ney geboren.
Außerdem wurde in Saarlouis auf der Vauban-Insel und zwar auf dem »Halwen Mond« eine Ney-Statue errichtet.

Ergreifende Stunden ereigneten sich 38 Jahre nach seinem Tod, nämlich am 7. Dezember 1853, an der Stelle, an der Marschall Ney den Soldatentod erleiden mußte. Mitglieder der kaiserlichen Familie Napoleons III., Erzbischöfe, Marschälle, die Regierung und Politiker, zahlreiche Soldaten-Delegationen, u. a. auch aus Saarlouis sowie die ganze Familie Ney waren erschienen, um die feierliche Einweihung des Ney-Denkmales zu erleben. Kanonen donnerten Salut, die Nationalhymne ertönte und der Erzbischof gab seinen Segen. Kriegsminister und Marschall St. Arnaud hielt eine feierliche Ansprache, die an den großen Marschall Ney, »den Tapfersten der Tapferen«, erinnerte. Marschall Ney – wie er kämpfte und lebte – war in Bronce auf einem Marmorsockel, in dem seine glorreichen Schlachten eingemeißelt waren, dargestellt. Alle Blicke richteten sich auf das Denkmal, und somit auf den der zu Unrecht umgebracht worden war.

Acht Jahre später, im Jahre 1861, errichtete das Moseldepartement in Metz ein Ney-Denkmal, welches eine lebendige, heroische Verkörperung seines Rückzuges aus Rußland darstellt. Im Auftrag Napoleons III. und in Anwesenheit von Marschall Caurobert wurde es am 15. August 1861 unter großer Anteilnahme der Bevölkerung eingeweiht.

Über den Tod von Marschall Ney gibt es übrigens noch eine zweite Version, die der Verfasser seinen Lesern nicht vorenthalten möchte und welche die französische Zeitung ›HISTOIRE POUR TOUS‹ am 15. Oktober 1977 veröffentlicht hat:

In den USA, in einem kleinen Dorf in North-Carolina, trägt ein Grabstein angeblich folgende (in englisch geschriebene) Inschrift:

»Hier ruht Peter Stewart Ney, Soldat der Französischen Revolution unter Napoleon Bonaparte. Gestorben am 15. November 1846, im Alter von 77 Jahren.«

Demzufolge ist der Verstorbene 1769 geboren und im selben Jahr hat in Saarlouis auch ein anderer Ney, nämlich mit

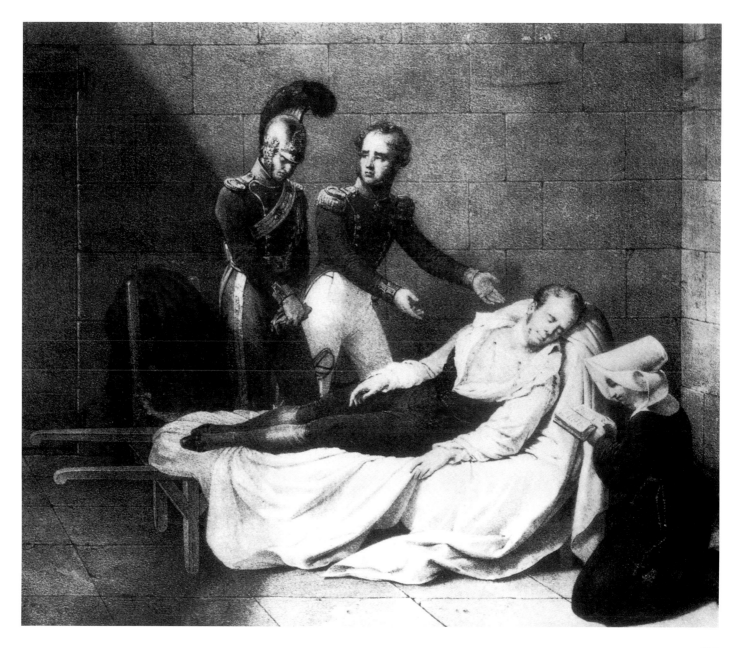

Der tote Marschall Ney mit der betenden Schwester Sainte-Therese am 7. Dezember 1815

Biographie und das Ende des Feldmarschall-Leutnant von Mack

Vornamen Michel, als Sohn eines Küfers die Welt erblickt. Handelt es sich hierbei nun um einen anderen, oder ist es der gleiche?

Für viele Einwohner dieses Landes ist dieser »Soldat« kein anderer als Marschall Ney, der Dank des geheimen und letzten Einschreitens des von Gewissensbissen geplagten Marschalls und Herzogs von Wellington dem Hinrichtungskommando entging.

Diesen Tod haben ihm sicher Millionen von Franzosen und Verehrer des großen Marschalls gewünscht. Vermutlich ist es aus einem Wunschdenken heraus auch dieses Wunschbild entstanden, das den Realitäten leider nicht entsprechen kann, denn weder König Ludwig XVIII. noch der Herzog von Wellington waren Ney wohl gesonnen, und ebenso war die Bewachung in Verbindung mit den Sicherheitsmaßnahmen so perfekt, daß an ein Auswechseln des Delinquenten oder an Theaterspielen nicht zu denken war. Alle Fakten dieses Vorganges haben sich nämlich viel zu sehr unter den Augen der Öffentlichkeit ereignet, als daß sie eine derartige Schlußfolgerung zuließen.

Karl Mack, geboren am 25. August 1752 in Nennslingen (Bayern), trat, 17 Jahre alt, als Fourier (Schreiber) beim 2. Karabinierregiment ein, wo sein Onkel, Rittmeister von Leiberich, diente.

Nach zwei Jahren wurde Mack Korporal. Gewandt mit der Feder, machte er sich in der Adjutantur nützlich, wurde bald Unterleutnant und vier Jahre später Oberleutnant. Als der Regimentsinhaber, FM. Graf Lacy, einen Offizier verlangte, der im Dienst erfahren, geschickt mit Feder und im Situationszeichnen sei, wurde ihm Mack genannt. Mack wurde Sekretär Lacys und machte mit diesem den türkischen Krieg 1778 mit, wurde 1781 Hauptmann im Generalquartiermeisterstab und 1789 als Flügeladjutant im geheimen Militärkabinett des Kaisers angestellt.

Bei der Belagerung Belgrads machte sich Mack als Generalstabschef Laudons besonders verdient, wofür er das Ritterkreuz des Maria-Theresia-Ordens erhielt und mit dem Prädikat »v. Leiberich« in den Freiherrnstand erhoben wurde.

1792 wurde Mack dem Armeekommandanten, Prinz Josua Koburg, als Generaladjutant beigegeben und machte den Krieg in den Niederlanden mit. 1794 leitete er als Generalquartiermeister des Kaisers den Krieg in den Niederlanden. Im Jahr 1796 sollte er über Betreiben der Engländer zum Oberkommandanten in Portugal ernannt werden. Bevor dies aber geschah, wurde er im Oktober 1796 als Feldmarschallleutnant zum Generalquartiermeister der Rhein-Armee ernannt.

Im August 1798 wurde Mack, wieder über Betreiben der Engländer, zum Oberkommandanten der neapolitanischen Armee ernannt. Anfang Oktober kam er in Caserta an. Ende November 1798 überschritt der mit 38 000 Mann die Grenze und marschierte auf Rom zu. Da sich die Franzosen unter General Championet ohne Widerstand zurückzogen, konnte der König von Neapel am 29. November in Rom einziehen. Als nun Mack aber den Franzosen, in viele schwache Kolonnen verzettelt folgte, kehrte Championet um, warf sich mit

Feldmarschalleutnant Karl Freiherr Mack von Leiberich.

Nach der Lithographie von F. Schier

Übermacht auf die einzelnen Kolonnen und warf sie zurück. Der Rückzug der Neapolitaner artete bald in regellose Flucht aus. Im befestigten Lager von Capua sammelte Mack seine Armee wieder. Als die Stimmung seiner Truppen und der Bevölkerung von Neapel immer bedrohlicher wurde, schloß er mit den Franzosen Anfang Januar 1799 einen längeren Waffenstillstand, sah sich aber veranlaßt, vor der erbosten Bevölkerung im Lager des feindlichen General Schutz zu suchen. Er wurde als Kriegsgefangener nach Frankreich abgeführt. 1800 entfloh er aus Paris, wo er sich, nach Angaben der Franzosen als Gefangener auf Ehrenwort, ganz frei bewegen konnte.

Nach seiner Rückkehr aus der Gefangenschaft blieb er bis zum Jahre 1805 ohne Verwendung. Nach dem verlorenen Feldzug von Ulm kehrte er nach Wien zurück.

Am 26. 2. 1806 trat gegen FML v. Mack ein Kriegsgericht zusammen, das erst lange nach Jahresfrist sein Urteil sprach. Mack wurde dadurch seiner Charge als General-Feldmarschall-Leutnant »simpliciter« entsetzt, des beigehabten Kürassier-Regiments und des Militär-Maria-Theresien-Ordens samt den damit verbundenen Benefizien verlustig erklärt und zu einer zweijährigen Festungshaft verurteilt. Als die napoleonischen Stürme über Europa dahingebraust waren, wurde manches harte, in der Zeit der gewaltigen Erschütterungen und Krisen gefällte Urteil gemildert, und so leuchtete auch für Mack noch einmal die kaiserliche Huld. Im Jahre 1819 erhielt er auf dem Gnadenwege durch einen Erlaß vom 3. Dezember den Titel eines Feldmarschall-Leutnants zurück und ein Gnadengehalt von 3000 fl. Gleichzeitig wurde er wieder in die Reihe der Maria-Theresien-Ordensritter aufgenommen. Er starb in tiefster Zurückgezogenheit im Jahre 1828 in St. Pölten in Niederösterreich.

Ein immerhin gnädiger Tod, nachdem Erzherzog Karl in seinem tiefen Schmerz über das von Unfähigen und Unwürdigen verschuldete Unglück des Vaterlandes am 10. November 1805 an den Herzog von Sachsen-Teschen geschrieben hatte:

»Alle Tage sehe ich schwärzer; alles ist verloren – wenn der Kaiser nicht Mack, Cobenzl und Collenbach hängen läßt.«

Das Ende des großen Kaisers der Franzosen

Napoleon, das Feldherrngenie, der siegreich 60 Schlachten geschlagen hatte, unterlag am 18. Juni 1815 in der Schlacht bei Waterloo den Engländern und Preußen. Über das ganze Schlachtfeld ging die Schreckensnachricht: »Die Garde weicht«. Das hatte es noch nie gegeben. Bei Einbruch der Dunkelheit flohen die Franzosen in alle Richtungen. Napoleon ließ die »Grenadiere« blasen, und zusammen mit General Petit gelang es ihm, die Gardisten zu sammeln, die in den Strom der Fliehenden geraten waren. Er sah, daß die Schlacht verloren war, und wollte sich nur noch mit der Garde in guter Ordnung nach Süden absetzen. In der Ferne hörte man die Soldaten Blüchers »Großer Gott, wir loben Dich« singen und die englischen Militärkapellen »God Save the King« spielen.

Am 21. Juni 1815 kehrte Napoleon nach Paris zurück. Am 22. Juni dankte Napoleon zugunsten seines Sohnes ab. König Ludwig XVIII. kehrte am 8. Juli 1815 nach Paris zurück. Am 14. Juli 1815 ging Napoleon – nachdem er das Angebot des Kapitäns Bandin, der ihn nach den Vereinigten Staaten führen wollte, ausgeschlagen hatte, an Bord des englischen Schiffes Bellerophon und schrieb an den Prinzregenten von England:

»Königliche Hoheit.
Den Parteien, die mein Land teilen, und der Feindschaft der Großmächte Europas preisgeben, habe ich meine politische Laufbahn vollendet. Nun komme ich, wie Themistokles, mich am Herde des britischen Volkes niederzulassen. Ich stelle mich unter den Schutz seiner Gesetze, den ich von Eurer königlichen Hoheit beanspruche, als dem mächtigsten, dem beständigsten und edelmütigsten meiner Feinde.
Napoleon«

Am 16. Juli 1815 segelte die Bellerophon nach England ab. Von dem »edelmütigsten« Feind England wurde er enttäuscht und gedemütigt. Alle Proteste Napoleons halfen nicht. Er durfte England nicht betreten. Am 7. August mußte er die Bellerophon verlassen, um an Bord der Northumberland zu steigen, welche am gleichen Tag in Richtung St. Helena absegelte. Am 16. Oktober 1815, hundert Tage nachdem er Frankreich verlassen hatte, betrat er mit 11 Getreuen die Felseninsel St. Helena, welche er nicht lebend verlassen sollte. In Begleitung von Napoleon befanden sich u. a. Großmarschall Bertand mit Frau, Tochter und Sohn, Herr von Montholon, General Gourgand und Herr von Las Cases. England, bis dahin das Land der »Gentleman«, mußte seitdem die Schmach der »Wortbrüchigkeit vor aller Welt«, hinnehmen. Die Insel St. Helena mit ihrem feucht-tropischen Klima schadete der Gesundheit Napoleons sehr. Außerdem war er zeitweise Schikanen des englischen Gouverneurs ausgesetzt. Bei einer Besprechung mit ihm sagte Napoleon:

»Das Ärgste, was mir die englischen Minister angetan haben, ist nicht mehr, daß sie mich hierher geschickt, sondern daß sie mich in Ihre Hände geliefert haben«.

Am 20. März 1821, dem glorreichen Jahrestag der Rückkehr Napoleons von der Insel Elba nach Paris, empfand er vom Morgen an einen starken Druck im Magen und ein äußerst beschwerliches Gefühl der Erstickung in der Brust.

Am 15. April 1821 fing er an, sein Testament aufzusetzen. An diesem Tag durfte niemand sein Zimmer betreten außer Marchand und General Montholon, die von 13.30 bis 18 Uhr bei ihm blieben.

Napoleon besaß etwas mehr als 7,5 Millionen Francs, die auf einer französischen Bank in Sicherheit waren. Seinem Sohn vermachte er seine Waffen, Sättel, Sporen und Bücher und sein Leinenzeug – nach königlicher Tradition – aber kein Geld. Dem General Montholon, der ihm Jahre lang wie ein Sohn gewesen war, vermachte er den größten Betrag, 2 Millionen Francs, Marschall Bertrand bekam 500 000 Francs, sein Kammerdiener Marchand 400 000 Francs. Die anderen Diener empfingen entsprechende Summen. Die meisten anderen persönlichen Legate – alles in allem 34 – gingen an Generäle oder deren Kinder.

Der 19. April brachte eine fühlbare Besserung, die bei allen die Hoffnung wiederbelebte außer bei Napoleon. Er ließ sie reden, dann sagte er lächelnd: »Ihr täuscht Euch nicht, ich befinde mich heute besser, aber ich fühle nichtsdestoweniger, daß mein Ende naht. Wenn ich gestorben bin, so werdet ihr alle den süßen Trost haben, nach Europa zurückzukehren. Ihr werdet Eure Eltern und Freunde wiedersehen, und auch ich werde meine Tapferen im Himmel wiederfinden. Ja ja«, setzte er belebend und die Stimme begeistert erhebend hinzu, »Kleber, Desaix, Bessieres, Duroc, Ney, Murat, Massena, Berthier werden mir entgegenkommen. Sie werden zu mir von unseren gemeinschaftlichen Taten sprechen, und ich werde Ihnen die letzten Ereignisse meines Lebens erzählen. Wenn sie mich wiedersehen, werden sie vor Begeisterung und Ruhmseligkeit ganz verzückt sein. Wir werden mit Scipio, Cäsar, Hannibal, von unseren Kriegern sprechen, es wird eine Wonne sein, ... vorausgesetzt«, fuhr er lächelnd fort, »daß man da oben nicht erschrickt, so viele Krieger beieinander zu sehen.«

Einige Tage nachher ließ er seinen Kaplan Vignali rufen. »Ich bin in der katholischen Religion geboren«, sagte er zu ihm, »ich will die Pflichten, die sie auferlegt, erfüllen und die Sakramente, die sie austeilt, empfangen. Sie werden alle Tage eine Messe in der nahen Kapelle lesen und das heilige Sakrament vierzig Stunden lang aufstellen. Wenn ich gestorben bin, so werden Sie Ihren Altar neben mein Haupt in die Sterbekammer stellen und dann die Messe lesen. Sie werden alle üblichen Zeremonien beobachten und damit nicht aufhören, bis ich begraben bin«. Napoleon äußerte Bertrand gegenüber den Wunsch, man solle sein Herz, in Weingeist konserviert, seiner »lieben Frau Marie Luise« nach Parma bringen. »Sagen Sie ihr, daß ich sie zärtlich geliebt und niemals aufgehört habe, sie zu lieben«. Leider hat das Metternich verhindert.

Im Anblick des Todes rief Napoleon am 2. Mai 1821 alle seine Getreuen zu sich und sprach zu ihnen:

»Ich sterbe, bleibt meinem Gedächtnis treu, trübt es durch nichts. Ich habe alle guten Prinzipien geheiligt, habe sie in meine Gesetze, meine Tatsachen gegossen. Leider waren die Zeiten hart und zwangen auch mich zur Härte in der Hoffnung auf bessere Tage.

Dann aber kehrte das Glück uns den Rücken, und ich konnte die straff gespannte Sehne nicht lockern. So erhielt Frankreich die freiheitlichen Institutionen nicht, die ich ihm geben wollte. Es wird mich nicht verurteilen, denn es kennt meine Absichten, liebt meinen Namen, meine Siege. Seid auch ihr eins mit Frankreich, werdet meinem Ruhm nicht untreu. Fern von diesem ist alles Schmach und Vernichtung.«

Am 5. Mai 1821 um 17.41 Uhr ging auf St. Helena die Sonne unter. In der Ferne hörte man einen Kanonenschuß. Sechs Minuten später stieß Napoleon einen Seufzer aus, dem in Abständen von je einer Minute zwei weitere folgten. Unmittelbar nach dem dritten Seufzer hörte er zu atmen auf. Sein Arzt Antonmarchi drückte ihm behutsam die Augen zu und hielt die Uhr an. Es war 17.49 Uhr am 5. Mai 1821, und Napoleon verstarb, noch nicht ganz 52 Jahre alt, an Magenkrebs. Napoleons Wunsch war es gewesen, am Ufer der Seine begraben zu werden. Doch auch diesen letzten Wunsch des Toten erfüllten die Engländer nicht. Als ein englischer Unteroffizier der Garnison Longwood auf St. Helena vom Leichnam des Kaisers Abschied nahm, sagte er seinem kleinen Sohn: »Sieh ihn Dir genau an, das ist der größte Mann der Welt.«

Napoleon wurde acht Tage später unter militärischen Ehren auf St. Helena beerdigt. Am 16. Oktober 1840 wurde er gemäß einer Übereinkunft des Königs der Franzosen, Louis Philipp, und der Königin Viktoria von England unter der Begleitung des Grafen Las Cases von St. Helena auf der Fregatte Belle-Poule abgeholt und am 15. Dezember 1840 in dem dazu erbauten Mausoleum im Invalidendom in Paris feierlichst beigesetzt. Kaiserin Marie Luise schrieb während der Verbannung Napoleons I. auf Sankt Helena, keine Zeile an ihn. Sie tröstete sich mit dem österreichischen Hofstallmeister und späteren General Graf Neipperg, mit dem sie auf Parma lebte und zwei Kinder hatte. Napoleons Sohn, König von Rom und Herzog von Reichsstadt wuchs am Wiener Hof unter der Fürsorge seines Großvaters Kaiser Franz I. und dem Kanzler Metternich auf. Er starb am 22. Juli 1832 mit 21 Jahren in Wien an Lungen-Tbc. Napoleon II. wurde 1940 auf Befehl Hitlers von Wien nach Paris überführt und am 15. Dezember 1940 unter militärischen Ehren, feierlich an der Seite seines Vaters im Invalidendom beigesetzt.

Das Grab Napoleons unter der Kuppel des Invalidendoms

Anhang

Zur Erinnerung an die Schlacht von Elchingen – Ulm wurden 1962 von der Association Historique »Souvenier Napoleonien« zwei Gedenktafeln angebracht.

Tafel 1 (an der Ostseite des Martinstores in Oberelchingen):
   L' EMPEREUR NAPOLEON IER
   APRES SA VICTOIRE DU 14
   S' ETABLIT ICI A L-ABRAYE D' ELCHINGEN
   DU 15 AU 22 OGTOBRE 1805.
   IL Y RECUT LE 19, DU GEN. AUTRICHIEN MACK,
   LA CAPITULATION D' ULM
   A LA MEMOIRE DES SOLDATS DE LA GRANDE
   ARMEE DE 1805
   BAVAROIS, WURTEMBERGEOIS? BADOIS ET FRANCAIS.
   DON DU SOUVENIR NAPOLEONIEN
   FD., BEAUCOUR, AMIENS.

Kaiser Napoleon I. wohnte nach seinem Sieg am 14. Oktober bei der Schlacht von Elchingen vom 15. bis 22. Oktober 1805 in der Abtei Elchingen und nahm hier am 19. Oktober die Kapitulation von Ulm durch den österreichischen General Mack entgegen. Zum Gedenken an die Soldaten der Grande Armee von 1805.
Bayern, Württemberger, Badenser und Franzosen.

Tafel 2 (an der Nordseite der Außenwand vom Pfarrhof in Oberfahlheim):
   L' EMPEREUR NAPOLEON IER
   AU SOIR DE SA VICTOIRE D' ELCHINGEN,
   PRELUDE D' AUSTERLITZ,
   PASSA DANS CE PRESBYTERE LA NUIT
   DU 14 AU 15 OCTOBRE 1805
   DON DU SOUVENIR NAPOLEONIEN
   FD. BEAUCOUR, AMIENS.

Kaiser Napoleon I. verbrachte am Abend seines Sieges von Elchingen, dem Vorspiel von Austerlitz, die Nacht vom 14. auf den 15. Oktober 1805 hier in diesem Pfarrhaus. Eine weitere Gedenktafel ist bereits vorgesehen, und zwar am schon erwähnten Napoleonfelsen, bei dem die Kapitulation der österreichischen Armee stattfand. Die Stadt Ulm hat bereits ihre Zustimmung und Mitwirkung erteilt.
Von den Österreichern wurde im Oktober 1905 in der Klosterkirche von Oberelchingen – vom Eingang her an der dritten Säule links – eine Bronze-Gedenktafel mit folgender Inschrift angebracht:

In Erinnerung und im Andenken an die Tapferen der kaiserlich österreichischen Armee, welche nach heißen Kämpfen in den Tagen des 9. bis 14. Oktober 1805 zu Elchingen und dessen Umgebung den Heldentod für das Vaterland starben gegen Frankreichs Übermacht unter Kaiser Napoleon I.   Friede sei ihrer Asche!

Gestiftet aus Anlaß des 50jährigen Regierungsjubiläums seiner kaiserlichen und königlichen Apostolischen Majestät.

Kaiser Franz Josef I.
von Österreich-Ungarn.   1898

Quellen-Nachweis

Kriegsarchiv München, Geschichtliches Fragment: Elchingen im Jahr 1805 betreffend.
Heeresgeschichtliches Museum Wien.
Eine Denkschrift des Generals Mack; Die Capitulation von Ulm.
Alombert et Colin Chapitre IX, Paris.
Musée de l'Armée, Paris.
Republique Française; Ministre de la Denfense, Service Historique.
Ulmer Historische Blätter, Jahrgang 1926, Ausgabe 2.
Carl Goldbeck, Memoiren des Marschall Marmont 1851.
Heinrich Nießen, Marschall Ney, Saarlouis 1902.
Emil von Loeffler (Generalmajor a. D.). Geschichte der Festung Ulm, Zweite Auflage 1883.
Alfred Krauss (Generalmajor a. D.), 1805 Der Feldzug von Ulm, Ausgabe 1912.
Leopold Peter Schaeben, Der Feldzug um Ulm, Ausgabe 1910.
Erbelding (Major a. D.), Ulm-Elchingen 1805, Ausgabe 1925.
David August Schultes (Pfarrer), Chronik von Ulm, Ausgabe 1880.
P. Birle, Geschichte des französischen Krieges von 1805, Archiv Oberelchingen.
P. Benedikt Baader, Chronik von Elchingen, Staatsarchiv Augsburg.
P. Baumgartner, Chronik von Thalfingen, Archiv Thalfingen.
P. Baur, Chronik von Göttingen, Archiv Langenau-Göttingen.
August Heckel, Die Geschichte der Stadt Langenau.
Anton H. Konrad, Die Reichsabtei Elchingen, Ausgabe 1965.
A. Castelot – A. Decaux, Histoire de la France des Françoises.
Friedrich Sieburg, Napoleon, Ausgabe 1977.
Vincent Cronin, Napoleon.
Dr. Konrad Sturmhoefel, Leipzig; Geschichte der neuesten Zeit.
Dr. Gert-Detlef Feddern, Ulm 1805, Ausgabe 1977.
Schönhals, Der Krieg in Deutschland 1805.
Carl Reichard, Geschichte der Kriege und der Bürgerbewaffnung 1832.
Alexandre Dumas, Napoléon Bonaparte.
Harold Kurtz, Nacht der Entscheidung.
Bernhard Newmann, Spionage, Ausgabe 1962.
Lucas Dubreton, Le Maréchal Ney 1769–1815, Ausgabe 1941.
Dr. F. G. Hourtoulle Paris, Ney, Maréchal d'Empire ...

Harald Kächler
Schlösser um Ulm
96 Seiten
47 farbige Abbildungen
13 x 20 cm
€ 12,90
ISBN 3-7995-8003-4

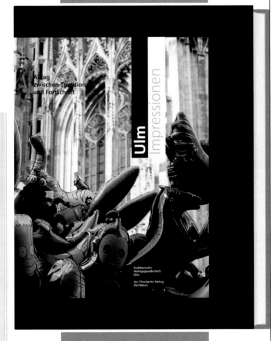

Hans-Uli Thierer
und Volkmar Könneke
ulm liebe
112 Seiten, durchgehend farbig
25 x 25 cm
€ 24,00
ISBN 3-7995-8025-5

Wolf-Dieter Hepach,
Rupert Leser, Ekhard Maus
Ulm Impressionen
164 Seiten, durchgehend farbig
Leinen mit Schutzumschlag
24 x 34 cm
€ 34,00
ISBN 3-7995-8002-6

Süddeutsche
Verlagsgesellschaft
Ulm

im Jan Thorbecke Verlag

Hans-Uli Thierer
und Volkmar Könneke
Neu-Ulm
112 Seiten, durchgehend farbig
25 x 25 cm
€ 24,00
ISBN 3-7995-8000-X

Sauner (Hrsg.)
**Erinnerungsblätter eines
badischen Soldaten an den
Russischen Feldzug
1812 bis 1813**
88 Seiten
Pappband mit farb. Umschlag
11 x 18 cm
€ 6,80
ISBN 3-88294-116-2

Nicolaus-Otto-Straße 14
89079 Ulm

Tel. 0731/9457-0
Fax 0731/9457-224

www.suedvg.de
info@suedvg.de